배를 만들고 싶다면
먼저 저 넓고 끝없는 바다에 대한 동경심을 키워라!

– 생텍쥐베리

아이의 튼튼한
공부 기초를 만드는
바탕다지기

초등 어휘 바탕 다지기

초^등어^휘바^탕다^{지기}

박현창 지음

3 초등 저학년용

엔듀인사이트

국어 감각을 키우는 신개념 낱말 학습 프로그램

초등 어휘 바탕 다지기·3

초판 1쇄 발행 2016.7.20 | 초판 6쇄 발행 2020.12.03
지은이 박현창 | 펴낸이 한기성 | 펴낸곳 에듀인사이트(인사이트)
기획·편집 신승준, 장원정 | 본문 디자인 김종민 | 표지 디자인 오필민 | 인쇄·제본 서정바인텍
베타테스터 권시원, 권시하, 김려원, 김명현, 김하늘, 신세호, 이형민, 임준호, 정우승, 조성은, 조윤빈
등록번호 제2002-000049호 | 등록일자 2002년 2월 19일 | 주소 서울시 마포구 연남로5길 19-5
전화 02-322-5143 | 팩스 02-3143-5579 | 홈페이지 http://edu.insightbook.co.kr
페이스북 http://www.facebook.com/eduinsightbook | 이메일 edu@insightbook.co.kr
ISBN 978-89-6626-707-1 64710
SET 978-89-6626-701-9

책값은 뒤표지에 있습니다. 잘못 만들어진 책은 바꾸어 드립니다.
정오표는 http://edu.insightbook.co.kr/library에서 확인하실 수 있습니다.

어휘력은 사고력의 기본 토대!

우리는 사람과 사회, 자연과의 상호 작용을 통해 낱말을 얻고, 이런 낱말들 사이의 관계를 발견하고 이해하며 조직해 어휘를 발전시켰습니다. 어휘들을 정교하게 연결하면 생각을 전달하고 표현하는 수단인 말과 글이 되는데, 어휘가 풍부할수록 좀 더 자신의 생각을 체계적으로 정리하고 논리적으로 표현할 수 있게 됩니다. 따라서 어휘력은 논리적 사고력의 기본 토대라고 할 수 있습니다.

어휘 선택의 기준

어휘 학습을 진행하기 위해서는 구체적으로 어떤 어휘를 다룰 것인가가 먼저 정해져야 합니다. 이 책에서 채택한 어휘들은 '등급별 국어 교육용 어휘(서울대 국어연구소, 김광해, 2003)' 목록에서 발췌하였습니다. 이 목록이 절대적인 것은 아니지만 적어도 목록을 작성하는 데 사용한 방법과 기초가 되는 자료들의 폭넓음에서 이보다 더 믿을 만한 자료는 찾아보기 어려울 것입니다. 그리고 이를 바탕으로 교재를 개발하는 것이 직관과 경험에 의존해 만들어 내는 것보다는 훨씬 오류를 범할 확률이 낮고 사용자에 대한 적합성이 높습니다.

교재에 사용되는 어휘는 1~2등급(기초 어휘) 어휘가 중심이 되고, 여기에 3~4등급의 어휘를 교수 학습 활동 설계에 따라 선택적으로 추가하였습니다.

어휘의 편성과 학습 내용

아동의 어휘 발달 양상은 대개 그들의 사회화 경험의 확장 경로와 일치합니다. 그래서 비교적 일반적이라고 할 수 있는 생활 범위를 주제로 잡아 점차 확장되는 방식을 취했고, 그에 따라 사용하는 어휘들을 순차적으로 배치하여 일차적으로 익히게 했습니다. 여기에 낱말의 의미 – 구체성과 추상성 그리고 상징성, 실질적 의미(실사)와 기능적 의미(허사) – 와 음절수의 많고 적음 따위의 기준을 적용하여 쉬운 것에서부터 어려운 것 순으로 익힐 수 있게 배치했습니다.

권	첫째 주	둘째 주	셋째 주	넷째 주	다섯째 주	여섯째 주	일곱째 주	여덟째 주
1	몸	가족	음식	옷	집	직업	동물	거리
2	놀이	운동	동작	기구	탈것	식물	사람	빛깔
3	수	마음	시간	정도	낱낱	맛	날씨	어떻게
4	땅	곳	소리	모양	학교	사회	바다	우주

이렇게 편성한 어휘들을 다시 그 형식과 내용적인 측면에서 고루 익히게 했습니다. 낱말의 형식이 되는 소리와 꼴에 관한 학습 내용들을 담아냈고, 내용이 되는 의미면에서는 사전적 의미부터 내포적 의미 그리고 의미 관계와 관용적 의미까지 두루 다루었습니다. 더불어 다소 가벼우나 창의적인 언어유희 내용들도 고명처럼 담아 두었습니다.

〈초등 어휘 바탕 다지기 낱말 학습 내용〉

낱말의 내용 익히기	낱말의 의미 알기	낱말의 지시적 의미 알기
		낱말의 함축적 의미 알기
		낱말의 사전적 의미 알기
		낱말의 문맥적 의미 알기
		낱말의 중심적 의미 알기
		낱말의 주변적 의미 알기
		낱말의 관용적 의미 알기
		다의어의 의미 알기
	낱말의 의미 관계 알기	유의 관계 알기
		반의 관계 알기
		상하의 관계 알기
		동음이의 관계 알기
		다의 관계 알기
		공기 관계 알기

학습 활동의 구성과 특징

구체적인 모습이 아닌 어휘들과 그것들을 익히는 행위를 가능한 재미있고 구체적인 형상으로 만들었습니다. 서유기와 같은 피카레스크식 구성의 이야기를 줄거리로 하여 추상적이고 딱딱한 학습 활동들을 줄거리 속의 작은 에피소드로 이어지게 구성하였습니다. 이렇게 함으로써 학습자가 이야기의 주동인물(주인공)로 나서서 활동을 진행해 나갈 수 있습니다.

배경 이야기를 통해 어휘를 왜 익히고 늘여 나가야 하는지를 이해하고, 이어지는 구체적인 학습 활동을 반복되는 공부가 아닌 놀이처럼 받아들일 수 있도록 했습니다. 이를 위해 아이들이 요괴들과 다양한 형태의 어휘 대결을 펼치도록 했는데, 대결을 통해 성취감과 재미를 느끼게 해주는 것은 물론 학습 동기를 유발하고 의욕을 지속적으로 유지할 수 있게 했습니다.

어휘의 바탕을 다지는 5단계 학습

하루에 활동 3개씩

주제별로 한 주에 5일 동안 학습할 수 있도록 5개의 단계로 나누어 놓았습니다. 각 단계는 하루 학습 분량이고, 활동 개수는 3개입니다. 따라서 한 주에 해야 할 활동은 총 15개가 됩니다. 활동의 난이도나 아동의 실력에 따라 다소 차이가 있을 수 있지만 10~20분 내외에 하루 학습량을 끝낼 수 있을 것입니다.

단계별 활동 내용

각 단계별로 다루고 있는 활동은 단계별 학습 내용에 따라 배치됩니다. 단계별 학습 내용은 어휘의 기본적인 의미와 형태에서부터 어휘 간의 관계와 중의적 의미로까지 점점 심화되는 형태로 구성됩니다.

1단계

첫째 날 – 낌새의 장난

해당 주제에서 다루는 어휘가 무엇인지 살펴보고 이 어휘들의 사전적인 의미를 알아봅니다.

2단계

둘째 날 – 모양새의 방해

어휘의 형태를 살펴봄으로써 어휘들 사이에 공통으로 적용할 수 있는 요소가 있는지 알아보고 어휘와 어휘가 결합했을 때 새로운 의미의 어휘가 만들어지는 걸 이해합니다.

4단계

넷째 날 – 말본새의 심술

어휘의 중의적 의미나 관용적 의미에 대해 알아봅니다. 문장에 따라 사전적 의미와는 다른 새로운 의미가 부여될 수 있다는 것을 이해합니다.

3단계

셋째 날 – 말본새의 훼방

어휘 간의 의미 관계에 대해 알아봅니다. 유의, 반의, 포함 관계는 물론 어휘가 사용되는 환경이나 상황에 따른 연관성도 이해합니다.

5단계

다섯째 날 – 북새의 심통

지금까지 배운 어휘들을 정리하는 단계입니다. 여러 활동을 통해 어휘의 의미와 형태를 다시 복습하고 최종적으로 낱말 지도를 통해 어휘들을 계통적으로 분류하여 정리합니다.

구김새와 다섯 요괴

아주 먼 옛날, 세상에는 아직 글이란 게 없었습니다. 어떤 뜻을 나타내고 남겨 두려면 바위나 벽에 금을 몇 줄씩 그어 두는 게 고작이었습니다. 그런데 사람들이 점점 많아지고 세상일도 복잡해지면서 이런 방법은 갈수록 불편할 수밖에 없었답니다.

그러던 어느 날이었습니다. 어느 지혜로운 이가 새 발자국을 보고는 문득 이런 생각을 하게 되었습니다.

'새 발자국을 보면 저절로 새가 생각나잖아? 음, 그렇다면 새 발자국을 간단하게 그려서 이것을 '새'라는 말과 짝지어 읽으면 되겠다.'

지혜로운 이는 이 방법으로 다른 여러 가지 짐승도 나타내어 보고 여러 물건에도 같은 방법을 써 보았습니다. 그러고는 곧장 사람들에게 그림과 말을 짝짓는 방법을 알려 주었습니다. 그림에다 말과 뜻을 짝지어서 쓰는 방법은 참 편리하고 간단했습니다. 그래서 금방 널리 쓰이게 되었습니다. 그리고 이렇게 약속된 그림들에게 사람들은 '글'이라고 이름을 붙였습니다. 글을 만드는 방법을 사람들이 알게 되자 많은 글들이 생겨나게 되었습니다. 이렇게 생겨난 많은 글을 가지고 서로의 생각을 나누다 보니 사람들이 한층 똑똑해지고 지혜로워졌습니다.

그런데 세상 사람들이 글로 인해 점점 똑똑해지고 지혜로워지는 걸 시샘하고 두려워하는 존재가 있었습니다. 바로 땅속에 있던 귀신들이었지요. 귀신들은 사람들이 글 덕분에 똑똑해지고 지혜로워져서 자신들을 더 이상 두려워하지도 않고 받들지도 않을 것이라 생각했기 때문이었습니다.

귀신들은 사람들이 더 이상 똑똑해지면 안 되겠다고 생각했습니다. 그래서 우선은 글을 배우고 익히는 것을 방해하기로 마음먹었습니다. 귀신들은 이 고약한 계획에 부엉이를 이용하기로 했습니다. 부엉이의 몸을 빌어 세상에 나가 사람들의 마음과 생각을 망가뜨리려 했던 것이지요. 하필 부엉이인 까닭은 부엉이가 미운털이 단단히 박힌 탓이었습니다. 사람이 글을 만들어 내게 된 것은 새 발자국을 보면서였는데, 그 발자국이 바로 부엉이 것이었기 때문입니다.

귀신들은 부엉이의 몸을 빌어서 세상으로 나갈 귀신을 뽑았습니다. 그리고 뽑힌 귀신은 곤히 잠들어 있던 한 부엉이의 몸으로 스며 들어갔습니다. 부엉이 몸을 빌어 세상에 나온 귀신은 나중의 일이지만 '구김새'라고 불리게 됩니다.

세상에 나온 구김새는 곧장 부엉이와 올빼미들 가운데 몇몇을 마법으로 홀려 부하로 만들었습니다. 그들의 이름은 각각 '낌새, 모양새, 말본새, 북새'였습니다. 그리고 구김새는 부하들도 모르게 '촉새'라는 부하 요괴도 만들어 두었습니다. '촉새'는 흔히 집에서 볼 수 있는 시궁쥐로 부하 요괴들을 살피고 구김새에게 보고하는 일을 맡은 요괴였습니다.

이렇게 구김새는 다섯 부하 요괴와 함께 세상에 나가 사람들이 말과 글을 쓸 때면 언제나 우리 마음과 생각 속으로 몰래 끼어들어 방해를 놓았습니다. 그리고 사람들의 욕심을 부추겨 서로 헐뜯고 다투게 했습니다. 순식간에 세상은 엉망이 되기 시작했고 구김새와 그 부하들의 계획은 성공하는 듯했습니다.

그런데 세상이 더 이상 험해질 수 없을 정도로 바뀐 어느 날이었습니다. 해가 멀쩡히 떠 있는 맑은 하늘에서 갑자기 곡식 낟알이 비처럼 쏟아지는 것이었습니다. 곡식 낟알이 내리는 것은 하늘이 세상 사람들을 돌보기 위한 것으로, 사람들이 말과 글로 더 이상 다투지 말고 곡식을 심고 키우며 사이좋게 지내게 하기 위함이었습니다. 낟알비의 정체를 알게 된 요괴들은 낟알들을 닥치는 대로 먹어 치웠습니다. 그런데 낟알에는 구김새도 알아차리지 못한 비밀이 한 가지 숨겨져 있었습니다. 낟알은 사람에게는 이롭지만 요괴들에게는 해로워서 요괴들을 멍청해지게 만들었습니다. 하늘은 만만해진 요괴들을 사람들이 이겨 내고 물리치는 가운데 말과 글을 제대로 배우고 익혀서 다시 지혜롭고 총명하게 되길 바란 것이지요. 낟알을 먹

을 수 있는 만큼 먹어 치운 요괴들은 자신도 모르게 한껏 멍청해져 함부로 나다닐 수 없게 되었습니다.

구김새를 비롯한 여러 요괴들은 생각했던 만큼 제대로 사람들의 생각을 망칠 수가 없었습니다. 제 형편을 깨달은 구김새는 슬쩍 작전을 바꾸었습니다. 세상 사람 모두를 상대하기보다는 만만한 아이들을 노리기로 한 것이지요. 아이들의 생각 속에 둥지를 틀고 앉아서 말과 글을 배우고 익히는 것을 방해하기로 마음먹은 것입니다. 그것은 아이들이 익힌 말과 글을 훔쳐 내고, 지우고, 잊어버리게 만드는 것입니다.

하지만 너무 걱정하거나 두려워할 필요는 없습니다. 이 이야기 바로 뒤에 구김새와 맞서러 가는 길을 만들어 두었기 때문입니다. 구김새를 비롯하여, 낌새, 모양새, 말본새, 북새가 가리고, 숨기고, 훔치고, 지워 버린 말과 글을 찾아서 배우고 익힐 수 있도록 말입니다. 자신감을 갖고 지금부터 구김새와 다섯 요괴들의 심술과 훼방을 하나하나 물리쳐 보세요.

나오는 낱말 훼방꾼들

구김새

부엉이의 몸을 빌어 세상에 나온 요괴의 우두머리. 부엉이와 올빼미들 중 몇몇을 마법으로 홀려 부하로 삼은 뒤 사람들이 글을 익혀 똑똑해지는 것을 막으려고 해요.

낌새

낱말을 익히는 걸 귀찮게 여기도록 만드는 임무를 맡은 부엉이. 어떤 일이 일어날지 미리 알아차릴 수 있는 눈치를 사람들에게서 빼앗아 버리는 특기를 가지고 있어요.

낱말의 꼴을 알아채지 못하도록 방해하는 임무를 맡은 부엉이. 낱말이 어떻게 이루어져 있는지 모르게 만들어 새 낱말을 만들거나 새 낱말의 뜻을 알아채지 못하게 해요.

모양새

말본새

낱말의 뜻과 쓰임새를 알아채지 못하도록 방해하는 임무를 맡은 부엉이. 낱말의 뜻을 잘못 알게 함으로써 사람들의 생각 속에서 거짓과 속임이 빚어지게 만들려고 해요.

북새

요괴 부엉이들 중 막내지만 가장 성격이 고약해요. 요괴들의 방해로 멍청해진 사람들을 부추겨 서로 잘난 체하며 시끄럽게 떠들도록 만들어서 결국에는 고집불통 바보 멍청이들로 만들려고 해요.

촉새

원래는 시궁쥐였는데 구김새가 부하 요괴를 살피고 세상 사람들의 이야기를 엿듣기 위해 새처럼 만든 요괴. 남의 말을 엿듣는 데 뛰어난 재주를 갖고 있지만 말과 하는 짓이 가볍고 방정맞지요.

말뭉치 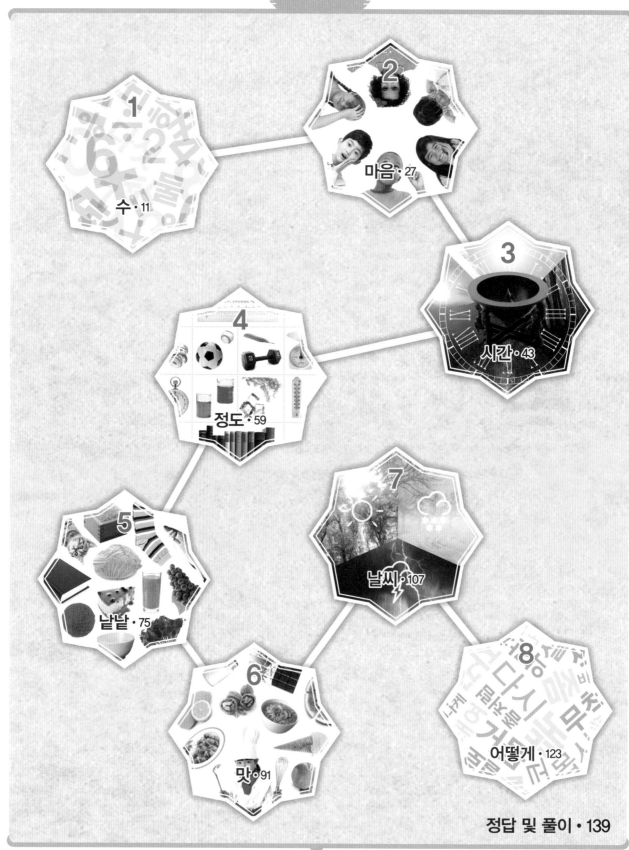 지도

첫째 주

수1

사람이나 물건을 세어 얻는 값인
수를 가지고 부엉이 요괴들이
심통을 부리고 있습니다.
요괴들에게서 낱말을
되찾아 옵시다.

낌새의 장난

낌새가 수 낱말들을 알아보지 못하게 장난을 쳐 놓았어요.
낱말들이 본래의 모습으로 돌아갈 수 있도록
여러분이 도와주세요.

하나, 낌새 구구   수 낱말 회상하기

낌새가 구구단을 이상하게 외고 있습니다. 이른바 '낌새 구구'라고 하네요.
9단을 낌새 구구로 외어 보랍니다. 욀 수 있다면 구구에 쓰인 낱말들을 되
돌려 주겠답니다. 낌새 구구를 완성해 보세요.

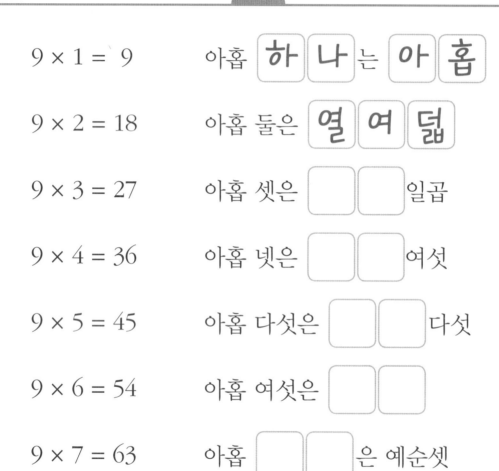

9 × 1 = 9	아홉 하 나 는 아 홉
9 × 2 = 18	아홉 둘은 열 여 덟
9 × 3 = 27	아홉 셋은 ☐ ☐ 일곱
9 × 4 = 36	아홉 넷은 ☐ ☐ 여섯
9 × 5 = 45	아홉 다섯은 ☐ ☐ 다섯
9 × 6 = 54	아홉 여섯은 ☐ ☐
9 × 7 = 63	아홉 ☐ ☐ 은 예순셋
9 × 8 = 72	아홉 여덟은 ☐ ☐ 둘
9 × 9 = 81	아홉 아홉은 ☐ ☐ 하나

둘, 엉뚱 수 낱말 수 낱말 회상하기

낌새가 어떤 낱말을 숨겨 두고는 엉뚱한 생각을 하고 있습니다. 낱말을 보면 어떤 숫자가 떠오른다나요? 보기 의 숫자를 보고 낌새가 가려 놓은 낱말이 무엇인지 알아내 봅시다.

보기	
	09 99 40 88
	1004 52 50000
	100000000000000

보기의 숫자를
낱말로 읽어 봐!

오 이

셋, 뒤죽박죽 글자 수 낱말 회상하기

낌새가 어떤 수를 가리키는 낱말을 마음속에 감추어 두었습니다. 낌새의 마음속에 있는 낱말에서 '수'자와 어울려 어떤 낱말이 되는 글자를 모두 찾아 지워 주세요. 그러면 낌새가 무슨 수를 쓰는지 드러난답니다. 무슨 수인지 써 보세요.

개 산 등

홀 점 촌 호

도 속 짝 치

임

이걸 쓰면
속아넘어가지롱!

□ □ 수

남을 속이는 짓 또는
그런 꾀나 방법

모양새의 심술

모양새가 낱말들이 어울려 새로운 낱말이 되는 걸 방해하고 있어요. 낱말들이 제자리를 찾아 새 낱말이 될 수 있도록 여러분이 도와주세요.

하나, 부엉이셈 _{낱말의 형태 알기}

모양새가 수를 가리키는 낱말들로 셈을 하고 있습니다. 그런데 어딘가 이상한 부엉이셈입니다. 낱말의 한 군데를 엉터리로 써 놓았습니다. 이게 다 낱말을 잘못 익히게 하려는 꿍꿍이랍니다. 올바른 셈이 되려면 어떻게 고쳐야 할까요?

이십 = 20 = 서물

삼십 = 30 = 스른

사십 = 40 = 마은

스　물

오십 = 50 = 쉬은

육십 = 60 = 여순

칠십 = 70 = 이른

팔십 = 80 = 여덟

구십 = 90 = 아헌

둘, 헷갈리시옷 낱말의 짜임새 알기

두 낱말이 합쳐질 때 그 사이에 'ㅅ'이 끼어들 때가 있습니다. 이 ㅅ을 '사이시옷'이라고 한답니다. 그런데 끼어들어서는 안 되는 것도 있고, 본래 낱말에 ㅅ이 있는 것도 있습니다. 모양새가 고약하게도 ㅅ낱말을 모아 놓았어요. 어떤 낱말이 올바른 것인지 구별해 보세요.

☑ 숫자
☐ 수자

☐ 횟수
☐ 회수

☐ 갯수
☐ 개수

☐ 셋째
☐ 세째

☐ 넷째
☐ 네째

☐ 가짓수
☐ 가지수

☐ 마릿수
☐ 마리수

☐ 구굿셈
☐ 구구셈

헷갈리다와 헷갈리다처럼
헷갈리고 헷갈리지롱!

그래서 헷갈리시옷인 거야?
사전 찾아보면 되겠네!

셋, 말 바꾸기 꼼수 _{낱말의 형태 알기}

모양새가 어떤 낱말에다 심술을 부리고 있습니다. 낱말 가운데 수를 가리키는 것이 있는데, 이것을 마구잡이로 바꾸어 놓았습니다. 모양새가 바꿔 놓은 낱말을 제 모습대로 써 봅시다.

하나주일

| 일 | 주 | 일 |

둘층집

셋촌

넷방

다섯대양

여섯각형

일곱면조

여덟각정

아홉아홉단

열자가

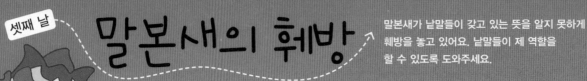

셋째 날

말본새의 훼방

말본새가 낱말들이 갖고 있는 뜻을 알지 못하게 훼방을 놓고 있어요. 낱말들이 제 역할을 할 수 있도록 도와주세요.

하나, 쯤 되는 수 낱말의 중심적 의미 알기

말본새가 '대강 짐작으로 잡은 수'를 가리키는 낱말들을 숨겨다 놓고 시치미를 떼고 있습니다. 숨겨 놓은 낱말 대신 긴 말을 늘어놓네요. 말본새가 늘어놓은 말을 한 낱말로 바꾸어 주세요.

"빵점 받은 친구가 　하나나 둘쯤　 이 아니다."

| 한 | 둘 |

1, 2 하나, 둘.

"방에 사람이 　셋이나 넷쯤　 이 아니다."

| | |

3, 4. 셋, 넷은.

"동네 사람 　넷이나 다섯쯤　 이 모였다."

| | |

4, 5. 넷, 다섯은.

"　다섯이나 여섯쯤　 이 간신히 제 시간에 왔어요."

| | | |

"아마도 나이가 　여섯이나 일곱쯤　 은 되어 보였어."

| | | |

둘, 수수수께끼   낱말의 주변적 의미 알기

말본새가 어떤 수를 가리키는 낱말들을 감추고 한사코 내놓지 않으려고 합니다. 모두 '수'로 끝나는 말인데요. 수수수께끼와 한 글자만 내놓고 있답니다. 어떤 것인지 알아맞혀 되찾아 옵시다.

신발과 옷 속에 숨어있는 수?　치　수

수다쟁이와 떠버리가 가장 좋아하는 수?　□　수

세상 모든 책에 다 나오는 수?　□　수

가족과 친척에게 모두 다 있는 수?　□　수

수학 시험 볼 때는 절대 찾아볼 수 없는 수?　□　수

보면 볼수록 좋은 수?　□　수

세어도 세어도 끝없이 세어야 하는 수?　□　수

산　치　말 　　촌　점　재　쪽

셋, 수말숫자말   낱말의 중심적 의미 알기

말본새가 흔히 쓰는 말에서 수를 가리키는 낱말을 싹싹 지워 없애 버렸습니다. 세 말에 모두 쓰는 수 낱말을 빈칸에 써 보세요.

우리의 마음이 □□로 뭉쳤습니다.
달랑 가방 □□만 들고 왔네.
□□도 즐겁지 않다.

> 하 나

□□을 모르니 준비해 두는 것이 좋아.
□□에 네가 가면 나도 갈게.
□□을 위해서 작업복을 챙겨 가지고 왔다.

끝이 났다고? □□에, 이제 시작이야.
빈둥빈둥 논 줄만 알지? □□에, 돈 벌었어.
내가 헤프다고? □□에 말씀! 아주 구두쇠야.

□번 말해도 소용없다.
선생님 말씀이 □번 맞지요.
그는 하는 시합마다 □이면 □ 모두 승리했다.

꼬리가 □□ 달린 여우다.
□□ 번 잘 하다가 한 번 실수했다.
열에 □□은 성공하는 일이다.

말본새의 심술

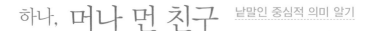

말본새가 낱말들의 쓰임새를 알지 못하게 심술을 부리고 있어요. 낱말들이 쓰임새에 따라 제 역할을 할 수 있도록 도와주세요.

하나, 머나 먼 친구   낱말인 중심적 의미 알기

말본새가 수를 가리키는 낱말을 그냥 내놓지 않습니다. 수를 가리키는 낱말을 슬쩍 다른 말로 바꿔 말하고 있습니다. 빈칸에 알맞은 낱말을 써넣어 되찾아 옵시다.

아이 하나가
손을 들었다.

한 아이가
손을 들었다.

아들 ☐ 을
두었다면서요?

두 아들을
두었다면서요?

우산 셋이
나란히 걸어갑니다.

☐ 우산이
나란히 걸어갑니다.

작은 컵 ☐ 이
필요합니다.

작은 컵 네 개가
필요합니다.

친구 여럿이
찾아왔습니다.

☐ ☐ 친구가
찾아왔습니다.

둘, 꿍꿍이셈 유의 관계의 낱말 알기

말본새가 수 낱말을 뺏긴 것이 속상한가 봅니다. 이번에는 수와 관계가 깊은 낱말로 내기를 걸어 왔습니다. 말본새가 중얼대는 낱말들은 뜻이 비슷한 것인데 빈칸에 알맞은 글자를 써넣어 완성해 보라네요. 수와 관계가 있는 낱말까지 몽땅 되찾아 옵시다.

더하다
□태다
합하다

나누다
가 르 다
구□하다

셈하다
계□하다
헤□리다

산, 르, 보, 분, 아, 기, 수, 덜, 부, 무.
이런 거겠지?

많다
□없다
□수하다

빼다
□다
떼다

조용히 해, 촉새야.

셋, 수상요상한 말   낱말의 관용적 의미 알기

아래 파란색 말은 원래 다른 자리에 있었습니다. 말본새가 글에 맞지 않게 엉뚱한 자리로 보냈답니다. 파란색 말의 제자리를 찾아 주세요.

과일이 소쿠리에 { 하루 밥 세끼 먹듯 } 담겨 있다.	수나 양이 정해진 대로 넉넉하게	과일이 소쿠리에 { **하나 가득** } 담겨 있다.
그는 세상에 { 하나 가득 } 쇠고집이다.	오직 하나뿐인	그는 세상에 { } 쇠고집이다.
어쩌면 그렇게 { 천만의 말씀 } 해내니?	늘 하는 일처럼 예사롭게	어쩌면 그렇게 { } 해내니?
{ 열에 아홉 }이라고, 미운 짓만 골라서 한다.	말썽을 제일 많이 부리는 때의 아이	{ } 이라고, 미운 짓만 골라서 한다.
이 시험은 쉬워서 { 둘도 없는 }은 통과예요.	거의 모두	이 시험은 쉬워서 { }은 통과예요.
할머니도 참 { 미운 일곱 살 }을 다 하세요.	마땅하지 않은 말	할머니도 참 { }을 다 하세요.

북새의 심통

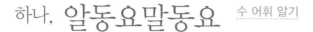

북새가 지금까지 배운 낱말들을 알아볼 수 없도록 숨기거나 엉뚱하게 만들고 있어요. 북새의 심통에 낱말들이 도망가지 않도록 여러분이 지켜 주세요.

하나, 알동요말동요 　수 어휘 알기

북새가 '하나 하면 할머니가' 노랫말을 고치고 순서도 마구 섞어 놓았습니다. 동요로 수 낱말을 익히는 것 방해하려고 말이지요. 북새의 코를 납작하게 해 주고 수 낱말도 되찾아 옵시다. 북새가 바꾼 노랫말의 빈칸에 알맞은 수 낱말을 찾아 넣고, 순서도 맞게 불러 주세요.

스물　서른
마흔　쉰
예순　일흔
여든　아흔
백

쉰 하면 신문지에 쉬하고 쉰다고 잘잘잘♪

　　　하면 스무고개 스멀스멀 넘는다고 잘잘잘♪

　　　하면 어른들이 설은밥 든다고 잘잘잘♪

　　　하면 아픈 이를 아으아 뺀다고 잘잘잘♪

　　　하면 예술가가 연습을 한다고 잘잘잘♪

　　　하면 만화책을 맘대로 본다고 잘잘잘♪

　　　하면 이른 아침 일하기 싫다고 잘잘잘♪

　　　하면 여드름을 여러 번 짠다고 잘잘잘♪

　　하면 백화점에 베개를 판다고 잘잘잘♪

하나 하면 할머니가 지팡이를 짚는다고 잘잘잘♪
둘 하면 두부장수 두부를 판다고 잘잘잘♪
셋 하면 새색시가 거울을 본다고 잘잘잘♪
넷 하면 냇가에서 빨래를 한다고 잘잘잘♪
다섯 하면 다람쥐가 알밤을 깐다고 잘잘잘♪
여섯 하면 여학생이 공부를 한다고 잘잘잘♪
일곱 하면 일꾼들이 나무를 벤다고 잘잘잘♪

둘, 수 낱말지도 낱말인식하기

수를 가리키는 낱말들이 이어지는 지도입니다. 수에 대한 생각을 할 수 없도록 북새가 군데 군데 지워 놓았습니다. 낱말 이음새를 살펴보고, 빈칸에 알맞은 글자를 써서 지도를 완성해 보세요.

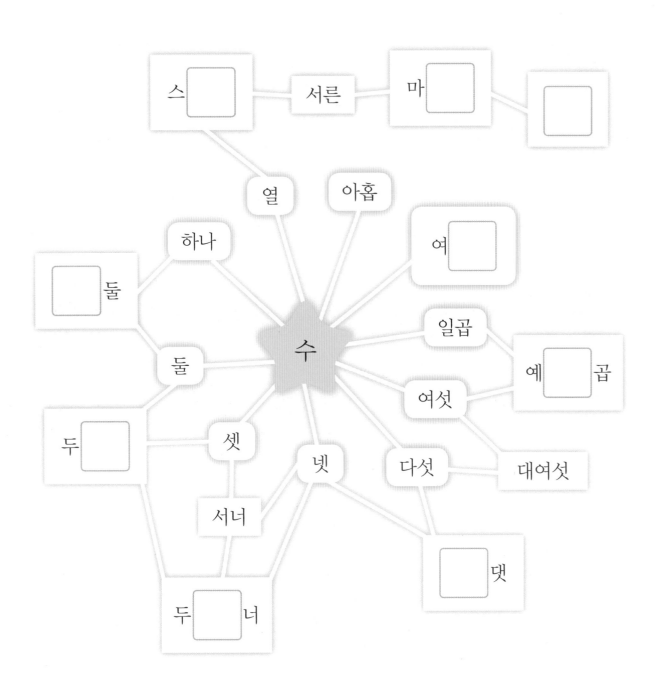

구김새의 꼼수

대장 구김새가 화를 치며 나타났어요. 요괴들에게 맡긴 일이 영 불안한가 봅니다. 구김새가 방해를 해도 낱말들이 제자리를 찾도록 여러분이 도와주세요.

셋, 어찌된영문 _{수 어휘 알기}

화가 난 구김새가 다음 길을 가지 못하게 길을 막고 나섰습니다. 구김새가 부랴부랴 만들어 놓은 문, '어찌된영문'입니다. 그동안 되찾아 온 수 낱말 속담들이 양쪽으로 갈라진 채 씌어 있답니다. 이 문을 뚫고 나가려면 알맞은 것끼리 이어 주면 된답니다.

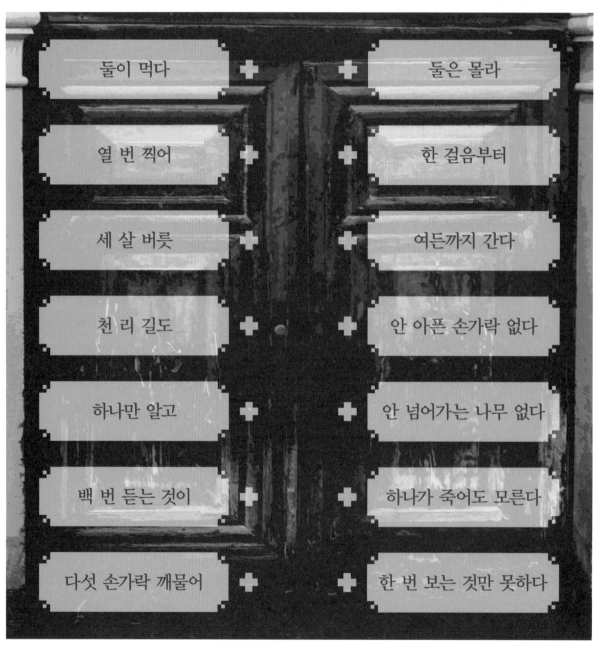

둘이 먹다	둘은 몰라
열 번 찍어	한 걸음부터
세 살 버릇	여든까지 간다
천 리 길도	안 아픈 손가락 없다
하나만 알고	안 넘어가는 나무 없다
백 번 듣는 것이	하나가 죽어도 모른다
다섯 손가락 깨물어	한 번 보는 것만 못하다

둘째 주

마음 2

마음에 일어나는 느낌을 가리키는
낱말을 가지고 부엉이 요괴들이
심통을 부리고 있습니다.
요괴들에게서 낱말을
되찾아 옵시다.

낌새의 장난

낌새가 마음 낱말들을 알아보지 못하게 장난을 쳐 놓았어요. 낱말들이 본래의 모습으로 돌아갈 수 있도록 여러분이 도와주세요.

하나, 마음의 표정 마음 낱말 알아보기

낌새가 마음을 나타내는 낱말을 가지고 심술을 부리고 있습니다. 낌새가 떠드는 낱말과 어울리는 표정을 그려 넣을 수 있다면 낱말을 놓아주겠다고 합니다. 낌새가 떠드는 낱말을 보고, 알맞은 표정을 그려 넣으세요.

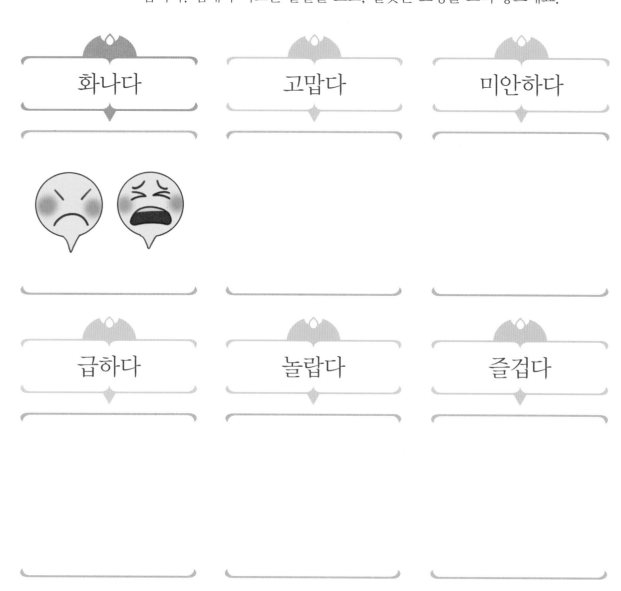

화나다	고맙다	미안하다

급하다	놀랍다	즐겁다

좋은 마음에는 좋은 표정,
안 좋은 마음에는 안 좋은 표정.
낌새야, 맞지?

입이 간질간질한 촉새가 또 낌새의 작전을 엉망으로 만들고 있네요. 촉새가 생각없이 보여 주는 보기의 표정들에서 알맞은 것을 골라 그려 넣으세요.

반갑다

부끄럽다

슬프다

무섭다

보기

저 바보 촉새.
야, 촉새!!! 으이그~.

둘, 그림 반 글자 반 마음 낱말 회상하기

낌새가 본래 낱말을 알아보지 못하게 한 글자를 가려놓았습니다. 글자를 가린 그림을 보면 어떤 낱말인지 낌새를 차릴 수 있답니다. 어떤 마음을 나타내는 낱말인지 빈칸에 써넣으세요.

친🏯하다	친	절	하	다					🕯️조하다
🏔️뜻하다									🔥안하다
거🥁하다									🏯가시다
겸🖐️하다									고🌙프다
고💊하다								👂찮다
🙂뜰하다									🏝️뜩하다
🍷잔하다									🟤사하다

모양새의 심술

모양새가 낱말들이 어울려 새로운 낱말이 되는 걸 방해하고 있어요. 낱말들이 제자리를 찾아 새 낱말이 될 수 있도록 여러분이 도와주세요.

하나, 찮찮찮 낱말의 형태(줄임말) 알아보기

모양새가 본딧말에서 줄어든 낱말을 가려놓았습니다. 그런데 눈치 없는 촉새가 잘난 척을 하느라 어떻게 줄어들었는지 나불거리고 있습니다. 촉새의 말을 살펴보고 어떤 낱말인지 짐작하여 되찾아 옵시다.

대단하지 아니 하다
▼
대단치 아니 하다
▼
대단치 않다

대단찮다

편하지 아니 하다
▼
편치 아니 하다
▼
편치 않다

찮

만만하지 아니 하다
▼
만만치 아니 하다
▼
만만치 않다

만

시원하지 아니 하다
▼
시원치 아니 하다
▼
시원치 않다

찮

심심하지 아니 하다
▼
심심치 아니 하다
▼
심심치 않다

찮

둘, 이 꽁지가 네 꽁지냐 둘 이상의 낱말이 결합된 낱말 알기

다음은 꽁지가 '롭다', '겹다', '스럽다'로 끝나는 낱말들이었습니다. 그런데 모양새가 본래 꽁지를 뚝 떼어다 엉뚱한 낱말에 척 붙여 놓았습니다. 낱말의 알맞은 꽁지를 되찾아 주세요.

힘스럽다

힘 [겹] 다

조심겹다

조 ☐ ☐ ☐ ☐

새스럽다

새 ☐ ☐

눈물롭다

☐ ☐ ☐ ☐

외겹다

☐ ☐ ☐

쑥롭다

☐ ☐ ☐ ☐

해겹다

☐ ☐ ☐

짜증롭다

☐ ☐ ☐ ☐

정스럽다

☐ ☐ ☐

스럽다는 그러한 성질이 있다는 뜻.
롭다는 그럴 만하다는 뜻.

겹다는 어떤 느낌이 거세게
일어난다는 뜻이지.

셋, 어리둥절 어리벙벙 느낌이나 상태를 흉내 낸 말 알기

우리 마음의 기분이나 느낌을 가리키는 흉내말입니다. 모양새가 고약하게도 그런 두 낱말을
골라 뒤섞어 놓았습니다. 두 낱말을 바로잡아 본디 모습을 되찾아 주세요.

놀랐어!
아파요!

찌찌뜨뜨릿릿끔끔

찌 릿 찌 릿
뜨 끔 뜨 끔

초조해.
조바심 나.

뒤싱생숭숭숭숭

뒤 □ □
□ 숭 □ □

불안해,
정신없어.

안부조조마마절절

조 □ □ 마
□ 절부 □

화나고
속상해.

부부울울컥컥글글

□ 글 □ 글
□ □ 울 □

무서워!

오오섬섬싹싹뜩뜩

□ □ □ 뜩
오 □ □ □

두근두근
흥분!

콩콩울울렁렁닥닥

□ 렁 □ □
□ □ 콩

말본새의 훼방

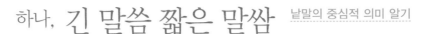

말본새가 낱말들이 갖고 있는 뜻을 알지 못하게 훼방을 놓고 있어요. 낱말들이 제 역할을 할 수 있도록 도와주세요.

하나, 긴 말씀 짧은 말쌈   낱말의 중심적 의미 알기

말본새가 마음을 나타내는 말을 걸고 말쌈을 걸어왔습니다. 길게 늘어 놓은 말을 한 낱말로 바꾸면 이긴다네요. 그 낱말은 같은 글자가 겹쳐 진다고 합니다. 말본새의 긴 말씀을 짧은 낱말로 바꿔 주세요.

말동무가 없어서 재미가 없고 지루해.
말동무가 없어서 ㅅ ㅅ 해. ▶ 심 심

아이구, 너만 보면 애가 타고 갑갑해.
아이구, 너만 보면 ㄷ ㄷ 해. ▶

이제 떠난다니 정말 아쉽고 서운해.
이제 떠난다니 정말 아쉽고 ㅅ ㅅ 해. ▶

잘못한 녀석이 더 부끄럽지도 않은 듯해.
잘못한 녀석이 더 ㅃ ㅃ 해. ▶

내 곁에 아무도 없어 외롭고 적적해.
내 곁에 아무도 없어 ㅆ ㅆ 해. ▶

답, 심, 쓸, 뻔, 섭……
뭐, 이런 거지. 말뿡새야?

쟤, 우리 편 맞아?
그리고 난 말본새라고,
쪽새야!

둘, 내 마음 알아 낱말의 주변적 의미 알기

말본새가 어떤 낱말들을 마음속에 감추어 두고 있습니다. 이 낱말들은 자기의 속마음을 나타내기도 한다는데요, 하지만 그와 다른 뜻도 함께 가지고 있답니다. 말본새가 중얼거리는 말을 살펴보고 말본새의 속마음을 나타내는 낱말을 되찾아 옵시다.

유쾌하지 않고 우울하다.

무게가 나가는 정도가 크다.

무 겁 다

무게가 나가는 정도가 적다.

홀가분하고 경쾌하다.

볍 다

듣기 싫게 떠들썩하다.

마음에 들지 않아 귀찮고 성가시다.

시 다

덥거나 춥지 않고 알맞게 서늘하다.

마음이 풀려 흐뭇하고 가뿐하다.

시 하 다

하기가 까다로워 힘에 겹다.

조심스럽고 거북하다.

렵 다

보이는 것이나 들리는 것이
멀고 희미하다.

어떻게 해야 할지 막막하다.

아 하 다

셋, 딴마음 참마음 낱말의 의미 관계 알기

말본새가 마음을 나타내는 낱말을 셋씩 붙잡아 놓고 있습니다. 모두 자기 참마음이라는데 딴마음도 하나씩 끼어 있네요. 나머지 둘과 다른 딴마음을 찾아내면 낱말을 모두 되찾아올 수 있습니다. 딴마음에 ◯표 하세요.

미안하다
죄송하다
반갑다

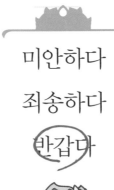

성나다
부럽다
화나다

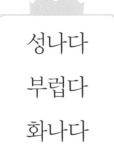

고맙다
뿔나다
감사하다

기쁘다
흥겹다
아쉽다

창피하다
쑥스럽다
분하다

서운하다
후련하다
시원하다

언짢다
흐뭇하다
거북하다

서럽다
서글프다
부끄럽다

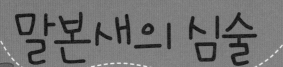

말본새의 심술

말본새가 낱말들의 쓰임새를 알지 못하게 심술을 부리고 있어요. 낱말들이 쓰임새에 따라 제 역할을 할 수 있도록 도와주세요.

하나, 낱말 바둑 한판　낱말의 의미 관계 알기

말본새가 마음을 나타내는 낱말을 걸고 바둑 한판을 걸어왔습니다. 이기면 낱말들을 다 내주겠다고 합니다. 한 가로줄에 있는 세 낱말은 모두 비슷한 뜻의 낱말이랍니다. 빈 돌에 보기 의 알맞은 글자를 써넣으면 됩니다.

보기

가　딱　색　릇　분　쾌　먹　운

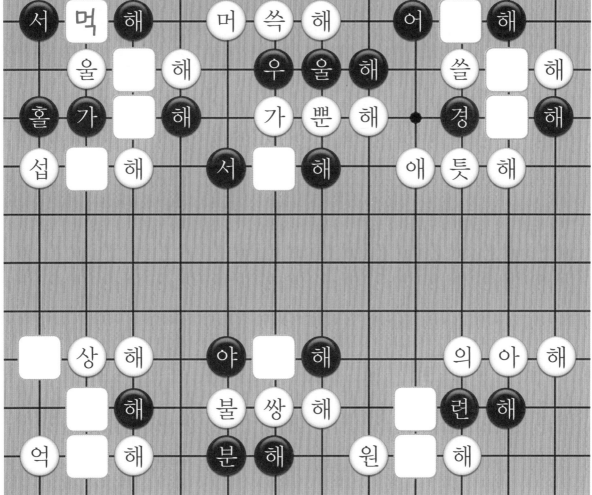

보기

통　쓸　섭　이　울　적

둘, 이상 한 자 낱말의 중심적 의미 알기

말본새가 마음을 나타내는 낱말이 쓰인 글에 몹쓸 짓을 해 놓았습니다. 낱말의 글자 하나를 바꾸어 다른 낱말로 바꿔 놓았는데요. 글을 읽어 보면 뭔가 이상하고 뜻이 통하지 않습니다. 말본새가 바꿔 놓은 낱말의 글자를 바로잡아 주세요.

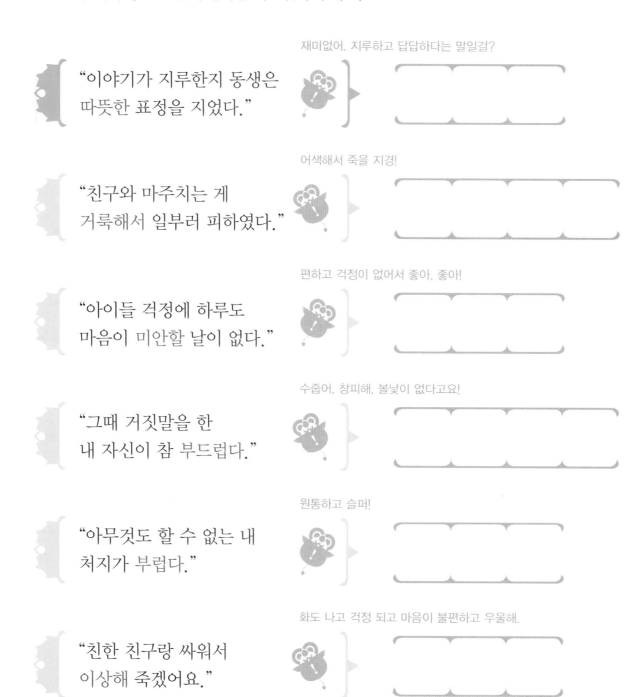

재미없어. 지루하고 답답하다는 말일걸?

"이야기가 지루한지 동생은 따뜻한 표정을 지었다."

어색해서 죽을 지경!

"친구와 마주치는 게 거룩해서 일부러 피하였다."

편하고 걱정이 없어서 좋아, 좋아!

"아이들 걱정에 하루도 마음이 미안할 날이 없다."

수줍어. 창피해, 볼낯이 없다고요!

"그때 거짓말을 한 내 자신이 참 부드럽다."

원통하고 슬퍼!

"아무것도 할 수 없는 내 처지가 부럽다."

화도 나고 걱정 되고 마음이 불편하고 우울해.

"친한 친구랑 싸워서 이상해 죽겠어요."

셋, 엉뚱말셈 낱말의 관용적 의미 알기

말본새가 둘 이상의 낱말이 어울려 본래의 뜻과는 다른 말이 된 것으로 말셈을 만들어 놓았습니다. 가운데 세 낱말 중에 알맞은 것을 골라 ◯표 해서 말셈을 완성합시다.

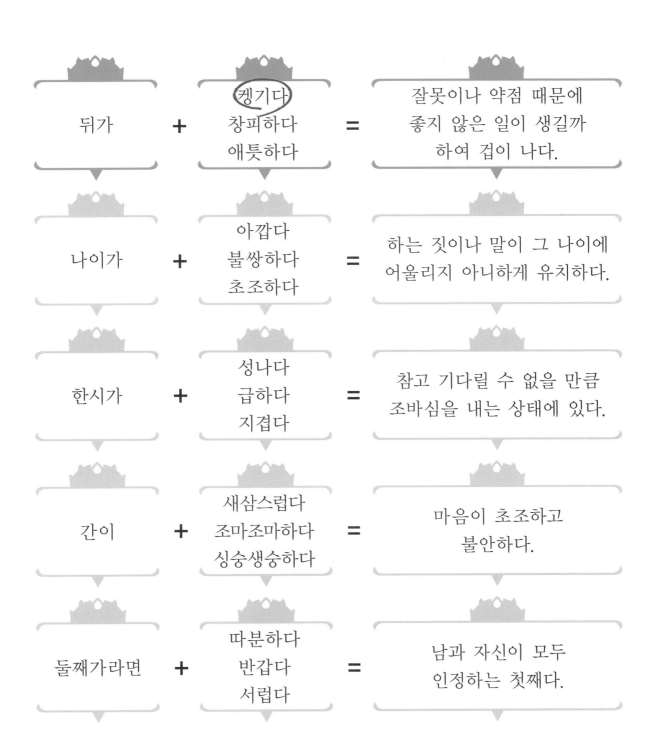

뒤가 ＋ （켕기다） / 창피하다 / 애틋하다 ＝ 잘못이나 약점 때문에 좋지 않은 일이 생길까 하여 겁이 나다.

나이가 ＋ 아깝다 / 불쌍하다 / 초조하다 ＝ 하는 짓이나 말이 그 나이에 어울리지 아니하게 유치하다.

한시가 ＋ 성나다 / 급하다 / 지겹다 ＝ 참고 기다릴 수 없을 만큼 조바심을 내는 상태에 있다.

간이 ＋ 새삼스럽다 / 조마조마하다 / 싱숭생숭하다 ＝ 마음이 초조하고 불안하다.

둘째가라면 ＋ 따분하다 / 반갑다 / 서럽다 ＝ 남과 자신이 모두 인정하는 첫째다.

북새의 심통

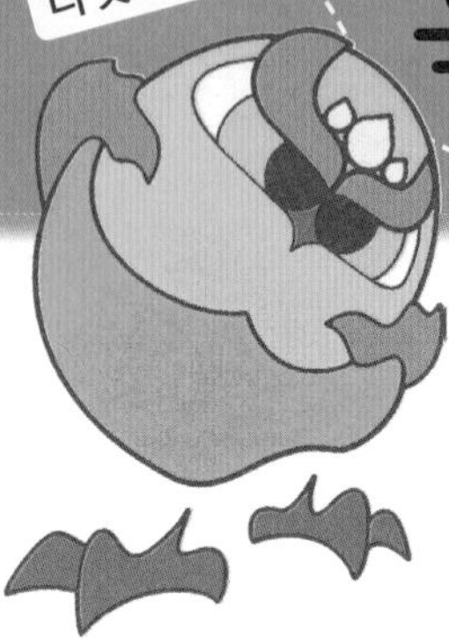

하나, 딴에는 반대말

마음 어휘 알기

마음을 나타내는 낱말을 꿀꺽하고 달아나던 북새를 붙잡았습니다. 낱말을 내놓으라고 다그치니까, 북새가 제 딴에는 꿀꺽한 낱말의 반대말이라고 이상한 소리를 하네요. 북새가 지껄이는 '딴에는 반대말'을 보고 어떤 낱말인지 알아내 보세요.

아어럽다

성오시다

어이있다

앉아럽다

겸발하다

물안하다

겉상하다

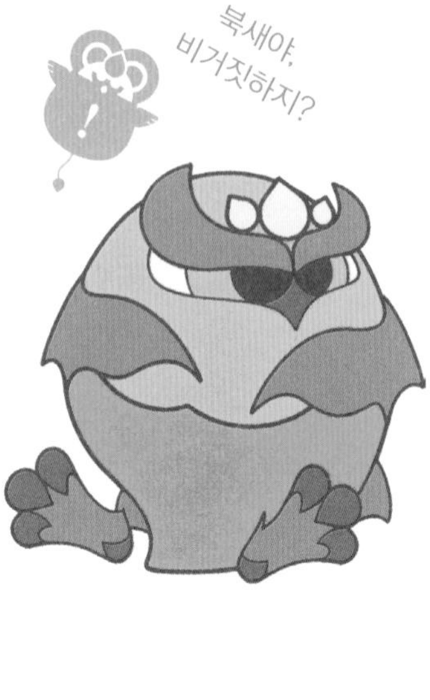

북새야, 비거짓하지?

문제문제하다

둘, 마음 낱말지도 마음 어휘 알기

마음을 나타내는 낱말들이 이어지는 지도입니다. 마음에 대한 생각을 할 수 없도록 북새가 군데군데 지워 놓았습니다. 낱말 이음새를 살펴보고, 빈칸에 알맞은 글자를 써서 지도를 완성해 보세요.

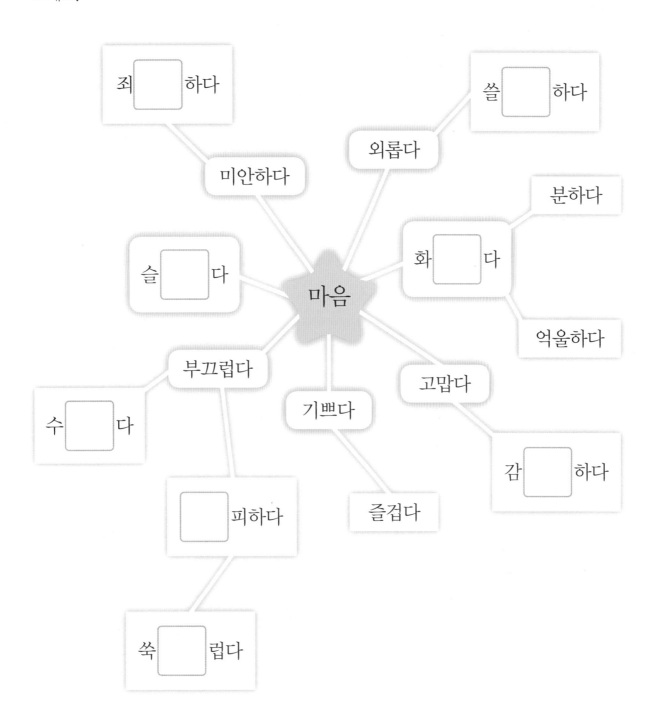

구김새의 꼼수

대장 구김새가 화를 치며 나타났어요. 요괴들에게 맡긴 일이
영 불안한가 봅니다. 구김새가 방해를 해도 낱말들이
제자리를 찾도록 여러분이 도와주세요.

잃어버린 마음 낱말   마음 어휘 알기

드디어 구김새의 아지트 가운데 하나를 찾았습니다. 모두 '마음'으로
시작하는 낱말들이 갇혀 있네요. 낱말의 일부가 잘려 나갔고요. 빈칸
에 알맞은 글자를 써서 낱말들을 구출합시다.

마음 □ 짐
마음을 쓰는 태도
마음의 자세

마음 □
마음에 내키는 대로
얼마든지

마음 □ 로
자기가 원하는 그대로,
하고 싶은 대로

마음 □ 다
결심하다

마음 □
마음을 쓰는 태도

마음 □ 생
마음속으로 겪는
고생

셋째 주

시간 3

시간을 가리키거나 나타내는
낱말을 가지고 부엉이 요괴들이
심통을 부리고 있습니다.
요괴들에게서 낱말을
되찾아 옵시다.

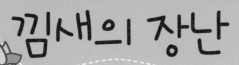

낌새의 장난

낌새가 시간 낱말들을 알아보지 못하게 장난을 쳐 놓았어요.
낱말들이 본래의 모습으로 돌아갈 수 있도록
여러분이 도와주세요.

하나, 뻐꾸낌새시계 <small>시간 낱말 회상하기</small>

낌새가 어느 때를 가리키는 낱말들로 시계를 만들었답니다. 자기의 뻐꾸기 시계라고 뻐꾸낌새시계랍니다. 낌새가 뻐꾸기처럼 중얼대는 때는 언제일까요? 큰 시곗바늘에 빨강, 파랑 알맞은 색을 칠해 주세요.

앞으로 올 날이나 때

이미 지나간 날이나 때

둘, 나날이 나란히 시간 낱말 알아보기

낌새가 시간을 가리키는 낱말들을 모아서 한 글자씩 지웠습니다. 어떤 규칙에 따라 낱말을 한 뭉치씩 늘어놓았답니다. 낌새는 우리가 규칙을 모르니, 글자도 못 쓸 거라고 자신만만해 하네요. 촉새가 종알대는 규칙을 보고, 빈칸에 알맞은 글자를 써넣어 보세요.

12시, 하루, 며칠, 국경일, 계절, 요일

오 전 정오 오 [ ]

[ ]벽 [ ]침 낮 [ ]녁 밤

[ ]루 [ ]틀 [ ]흘 [ ]흘 [ ]새

[ ]새 [ ]레 [ ]드레 [ ]흐레 [ ]흘

엊[ ]제 [ ]제 [ ]제 [ ]늘

[ ]일 [ ]레 [ ]피 [ ]글피

삼[ ]절 제[ ]절 광[ ]절 개[ ]절 한[ ]날

[ ]여 가 겨 [ ]

[ ]화 수 [ ]금 [ ]일

둘, 그때그때 달라요 시간 낱말 알아보기

낌새가 시간을 가리키는 낱말들에 몹쓸 장난을 하고 있습니다. 엉뚱하게 고쳐서 다른 낱말로 바꾸어 놓았네요. 모두 시간 낱말을 못 쓰게 하려는 속셈이지요. 낌새가 종알대는 낱말을 바르게 고쳐 주세요.

찻간만요, 같이 타고 갑시다.
잠깐

바로 다음 문간 모두 조용해졌다.

절에 따라 옷을 바꿔 입어야 한다.

어머니는 해 질 무릎이 다 돼서야 돌아오셨다.

이 일은 먹칠이나 걸리겠니?

오줌 감기가 유행인데 조심하세요.

내가 없는 동산 동생을 잘 돌보아야 한다.

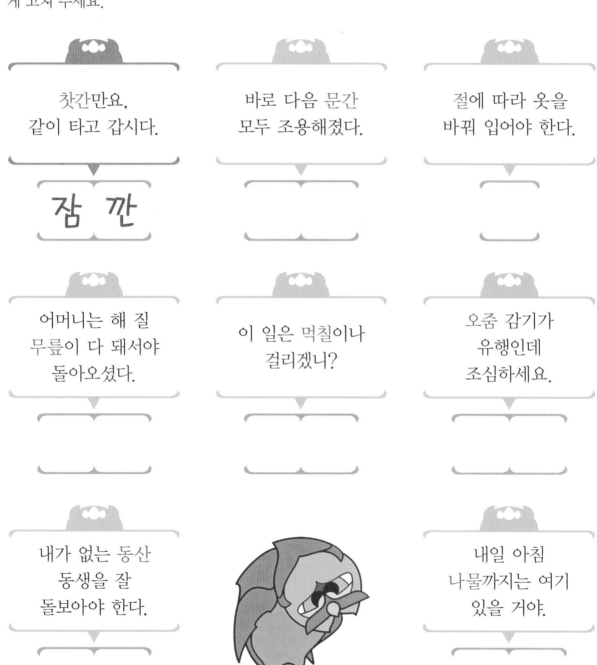

내일 아침 나물까지는 여기 있을 거야.

모양새의 심술

모양새가 낱말들이 어울려 새로운 낱말이 되는 걸 방해하고 있어요. 낱말들이 제자리를 찾아 새 낱말이 될 수 있도록 여러분이 도와주세요.

하나, 안맞춤법 낱말의 형태 알아보기

모양새가 낱말을 소리나는 대로 써놓고 헛갈리게 하고 있습니다. 뭐, 안맞춤법이라나요? 모양새가 맘대로 써놓은 낱말을 바르게 고쳐 주세요.

그는 옌날과 모습이 많이 달라졌다.	옛 날
올여름은 장년보다 무척 더운 걸. 그렇지?	
밤새 아팠던 동생이 다행히 이튿날 아침 거의 다 나았다.	
오빠, 엄마 생신이 며친날인지 알고 있어?	
문을 나서려는 찰라 종소리가 들렸다.	
저 그림은 유명한 화가가 말련에 그린 작품이다.	

둘, 줄여 준말   낱말의 형태(줄임말) 알아보기

시간과 관계 있는 낱말 가운데 그 모양이 줄어든 것들이 있습니다. 이게 다 모양새가 행패를 부린 탓이라나요? 본딧말을 알아보지 못하게 해서 조금이라도 낱말을 익히는 데 방해를 하려는 것이랍니다. 준말의 본딧말을 알아내어 봅시다.

머뭇거릴
결이 없다.

겨 를

너무 바빠서
쉴 새도 없다.

사 □

그 아이는 언젠가
만난 적이 있다.

언제 □ □

요즘도
많이 바쁘세요?

요 □ 음

너 이따
나 좀 봐!

이따 □

내 생일은
엊그제였다고요.

엊그 □ □

줄어들지 않은 본래의 말이 본딧말.
낱말의 한 부분이 줄어든 게 준말.
맞지, 모양새야?

친구를 오랜만에
만나 반가웠어요.

오래 □ 만

내일도 이맘때에
이리로 나오세요.

이 □ 큼 된 때

셋, **되풀이 낱말** 낱말의 형태(되풀이꼴) 알아보기

한 낱말을 거듭 쓴 낱말들이 있습니다. 낱말의 뜻을 강하게 내세우거나 두드러지게 하기 위한
것이지요. 시간과 관계 있는 낱말 가운데 그런 낱말을 알아보는 것이 모양새는 배가 아픈 모양
입니다. 그런 낱말을 길게 뜻풀이 해 놓았네요. 우린 간단한 되풀이 낱말로 바꾸어 씁시다.

일을 걸리는 시간이 짧게, 걸리는 시간이 짧게
끝내라.

빨 리 **빨** 리

얼마 되지 않는 짧은 동안, 얼마 되지 않는 짧은
동안 집에 들러라.

☐ 깐 ☐ 깐

식기 전에 시간을 끌지 말고 바로, 시간을 끌지
말고 바로 먹어라.

☐ 른 ☐ 른

이곳의 생활은 한 낮과 한 밤이 지나는 동안,
한 낮과 한 밤이 지나는 동안 달라요.

☐ 루 ☐ 루

할머니, 시간이 지나는 기간이 길게, 시간이
지나는 기간이 길게 사세요.

☐ 래 ☐ 래

아, 입 아파.
너희들도 계속 입 아파야 해.

한 낱말을
거듭 쓰면 되지.

말본새의 훼방

하나, 알맞음 안맞음

낱말의 중심적 의미 알기

말본새가 시간과 관계있는 낱말 가운데 비슷한 낱말들을 붙잡고 우리를 얕잡아 보고 있습니다. 뜻이 비슷하지만 알맞게 쓰일 때가 따로 있다는 것을 모르는 줄 아나 봅니다. 비슷한 두 낱말을 알맞게 써 넣으세요.

할머니 재미있는 {**옛날**} 이야기 좀 해 주세요.	옛날 과거	우리, 지나간 {**과거**} 이야기는 하지 말자.
저기요, 제발 { } 좀 내주세요.	시간 시각	해 뜨는 { }에 맞춰 길을 나가는 게 좋겠어.
{ }는 내가 너무 미안했어.	아까 금방	{ } 비가 올 것처럼 하늘이 어둡다.
무슨 비가 삼 { } 동안이나 오는 거야.	날 일	마침내 그렇게 기다리던 { }이 왔구나.
{ } 다시 한 번 찾아주세요.	다음 날 다음날	방학 숙제는 개학 { }까지 내야 한다.
선생님, { } 화장실 갔다 올게요.	순간 잠깐	아저씨는 마지막 { } 에서야 후회를 했습니다.

둘, 한 입으로 두 말 유의 관계의 낱말 알기

말본새가 시간과 관계 있는 낱말 가운데 뜻이 비슷한 것들을 가지고 요상한 짓을 하고 있습니다. 모두 같은 뜻이라고 하지만 나머지 셋과는 다른 것이 끼어 있습니다. 한 입으로 두 말하는 말본새를 콕콕 집어내어 ✔표 하세요.

- ☐ 이미 끝난 일이다.
- ☐ 벌써 끝난 일이다.
- ☐ 진작 끝난 일이다.
- ✔ 아직 끝난 일이다.

- ☐ 밥이 아직 덜 됐다.
- ☐ 밥이 벌써 덜 됐다.
- ☐ 밥이 미처 덜 됐다.
- ☐ 밥이 여태 덜 됐다.

- ☐ 이미 막 도착했다.
- ☐ 지금 막 도착했다.
- ☐ 현재 막 도착했다.
- ☐ 이제 막 도착했다.

- ☐ 좀 일찍 일어나라.
- ☐ 좀 미리 일어나라.
- ☐ 좀 먼저 일어나라.
- ☐ 좀 나중 일어나라.

- ☐ 갓 구워낸 빵이네.
- ☐ 미처 구워낸 빵이네.
- ☐ 막 구워낸 빵이네.
- ☐ 금방 구워낸 빵이네.

셋, 시간 되니 말 되니 <u>유의 관계의 낱말 알기</u>

말본새가 시간과 시간에 어울리는 낱말을 올바르게 쓰는 법을 익히지 못하게 훼방을 놓고 있습니다. 시간과 시간에 어울리는 낱말들을 엉터리로 갖다 붙여 놓았네요. 엉터리로 갖다 붙인 낱말들을 보기 좋게 제자리를 찾아 줍시다.

가만 있어도
시간이 편하다.

그 일을 하는 데는
저녁 시간이 <u>흐른다</u>.

흐 른 다 ←

몇 분 지나면
점심시간이 그립다.

가족과 함께했던
시간이 된다.

이 일은 생각보다
많은 시간이 가까워진다.

점점 약속한
시간이 걸린다.

말본새의 심술

말본새가 낱말들의 쓰임새를 알지 못하게 심술을 부리고 있어요. 낱말들이 쓰임새에 따라 제 역할을 할 수 있도록 도와주세요.

하나, 한 글자 다른 뜻 낱말의 중심적 의미 알기

말본새가 같은 글자가 있는 낱말을 모아 갖고 있다가 딱 걸렸습니다. 그냥은 내놓지 않겠대요. 세 낱말의 글자와 다른 뜻의 글자가 있는 낱말을 찾으라네요. 뜻이 다른 글자가 있는 낱말을 찾아내 ✔표 합시다.

바로 다음	올해	날	지난 시간
☐ 내일	☐ 올챙이	☐ 휴일	☐ 예전
☐ 내용	☐ 올가을	☐ 요일	☐ 운전
☐ 내달	☐ 올겨울	☐ 생일	☐ 오전
☐ 내년	☐ 올봄	☐ 제일	☐ 요전

정한 시기	때	계절
☐ 명절	☐ 시기	☐ 한철
☐ 시절	☐ 시절	☐ 제철
☐ 계절	☐ 시합	☐ 전철
☐ 큰절	☐ 시대	☐ 봄철

둘, 맞춰보시계   낱말의 의미 관계 알기

말본새가 모양도 뜻도 비슷한 시간 낱말을 넷씩 시계 속에 가둬 놓았습니다. 이 시계가 '맞춰보시계'라나요. 아무튼 네 낱말 가운데 나머지 셋과 가장 거리가 먼 것을 찾아내어 시곗바늘에 색칠을 하면 모두 되찾아 올 수 있답니다.

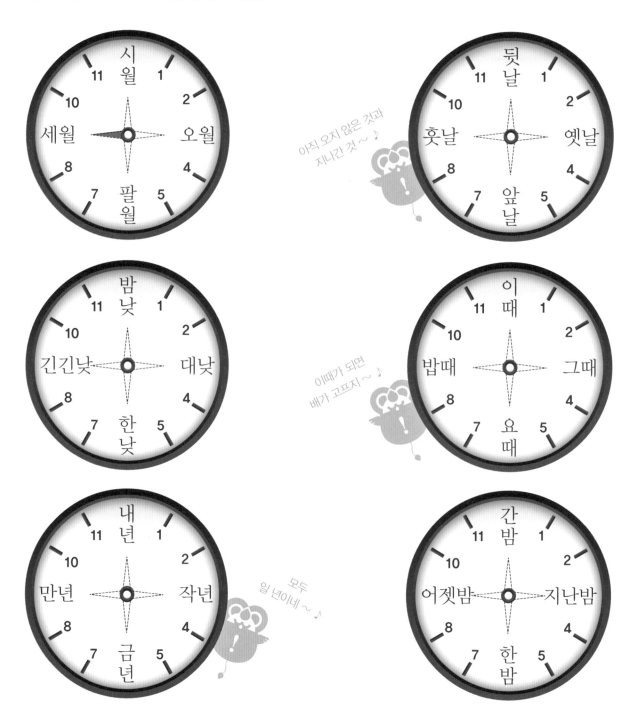

셋, 끽소리 깩소리 낱말의 관용적 의미 알기

말본새가 시간과 관계 있는 말이 쓰인 속담이나 습관적으로 쓰는 말을 중얼거리고 있습니다. 그런데, 우리가 잘못 쓰게 하려고 낱말들을 엉뚱하게 바꿔 놓았습니다. 올바른 낱말로 바꾸어 찾아 옵시다.

가는 날이 장난이다

어떤 일을 하려고 하는데 뜻하지 않은 일을 우연히 당할 때 이렇게 말하지.

장 날

시간은 껌이다

시간을 아주 소중히 여겨야 한다는 뜻을 이렇게 빗대어 말하지.

어제 다르고 그늘 다르다

무언가가 변화하는 속도가 매우 빠를 이렇게 말하지.

세일이 약

아무리 가슴 아프고 속상한 일도 시간이 지나면 잊게 된다는 것을 이렇게 말하지.

가루 세 끼 밥 먹듯

어떤 일을 아주 예사로운 것으로 생각한다는 것을 이렇게 말하지.

낮과 봄이 따로 없다

어떤 일이나 짓을 쉬지 아니하고 계속 하는 것을 이를 때 이렇게 말하지.

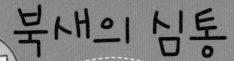

북새의 심통

북새가 지금까지 배운 낱말들을 알아볼 수 없도록 숨기거나 엉뚱하게 만들고 있어요. 북새의 심통에 낱말들이 도망가지 않도록 여러분이 지켜 주세요.

하나, 일곱 낱말 형제   시간 어휘 알기

북새가 우리 머릿속에서 시간 낱말을 지우다 들켰습니다. 북새가 달아나면서 '지워버려약'을 뿌린 탓에 낱말 모양이 사라져 겨우 첫소리 글자만 남았네요. 촉새가 거짓말 귀띔으로 방해를 하는데, 도리어 어떤 낱말인지 알 것만 같습니다. 촉새의 거짓말 귀띔이 다 끝나면 낱말들도 완전히 사라져 버린답니다. 어떤 낱말인지 빨리 알아내 다시 써 놓읍시다.

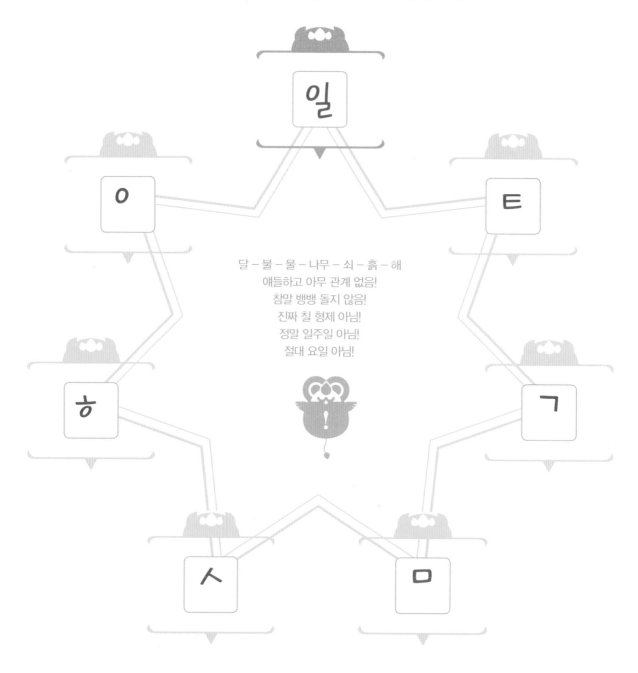

달 – 불 – 물 – 나무 – 쇠 – 흙 – 해
애들하고 아무 관계 없음!
참말 뱅뱅 돌지 않음!
진짜 칠 형제 아님!
정말 일주일 아님!
절대 요일 아님!

둘, 알동요 말동요   시간 어휘 알기

노랫말이라면 좋아 어쩔 줄 모르는 북새가 '시계는 아침부터'를 못된 마법 노래로 만들었습니다. 북새와 촉새만 아는 이 노래는 시간이 아주 느리게 가게 만든대요. 그러나 우리가 빈칸에 알맞은 글자를 넣어 따라 부르면 이 마법은 깨진답니다.

♬ 시계

시계는 □벽부터 멈□멈□

시계는 점□까지 □저□저

언제나 같은 소리 □물□물

□릿□릿 일해요 ~♪

시계는 □후 돼도 □엄□엄

시계는 □녁 돼도 꾸□꾸□

모두들 바쁜데도 □뭇□뭇

□엄□엄 가지요 ~♪

♬ 시계

시계는 아침부터 똑딱똑딱

시계는 아침부터 똑딱똑딱

언제나 같은 소리 똑딱똑딱

부지런히 일해요 ~♪

시계는 밤이 돼도 똑딱똑딱

시계는 밤이 돼도 똑딱똑딱

모두들 잠을 자도 똑딱똑딱

쉬지 않고 가지요 ~♪

나도 알지롱!
머, 느, 쉬, 띠, 물, 새, 칫, 심,
저, 오, 우, 주, 쭈

셋, 시간 낱말지도 시간 어휘 알기

시간을 가리키는 낱말들이 이어지는 지도입니다. 시간에 대한 생각을 할 수 없도록 북새가 군데군데 지워 놓았습니다. 낱말 이음새를 살펴보고, 빈칸에 알맞은 글자를 써서 지도를 완성해 보세요.

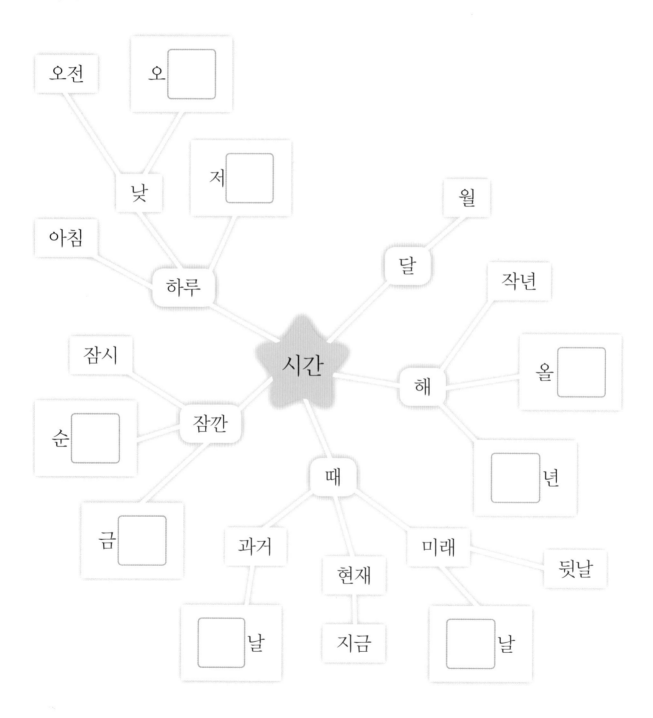

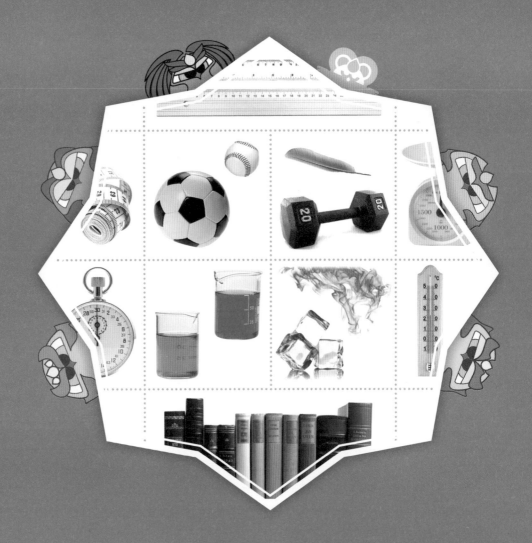

넷째 주

정도 4

정도를 나타내는 낱말을
가지고 부엉이 요괴들이
심통을 부리고 있습니다.
요괴들에게서 낱말을
되찾아 옵시다.

낌새의 장난

낌새가 정도 낱말들을 알아보지 못하게 장난을 쳐 놓았어요.
낱말들이 본래의 모습으로 돌아갈 수 있도록
여러분이 도와주세요.

하나, 꼬투리라 고라고라   정도 낱말 알아보기

낌새가 정도를 나타내는 낱말들을 슬쩍 가려 놓고 엉뚱한 낱말을 지어내고 있습니다. 하지만 낌새가 떠드는 말에서 답을 찾을 수 있을 것 같네요. 가려 놓은 낱말을 알아내 낌새의 얄팍한 수를 물리쳐 봅시다.

빠르고 느린 정도는 빠 르 기라고라?
'느리기'라고 하면 안 되는 고라고라?

☐고 낮은 정도는 ☐이라고라?
'낮이'라고 하면 안 되는 고라고라?

☐고 어☐운 정도는 밝기라고라?
'어둡기'라고 하면 안 되는 고라고라?

넓고 좁은 정도는 ☐☐라고라?
'좁이'라고 하면 안 되는 고라고라?

굵고 ☐☐ 정도는 굵기라고라?
'가늘기'라고 하면 안 되는 고라고라?

낌새야, 억지로 말을
반대로 하는 거라고라?

깊고 ☐☐ 정도는 깊이라고라?
'얕이'라고 하면 안 되는 고라고라?

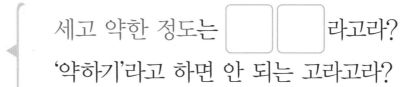

세고 약한 정도는 ☐☐ 라고라?
'약하기'라고 하면 안 되는 고라고라?

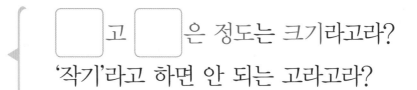

☐고 ☐은 정도는 크기라고라?
'작기'라고 하면 안 되는 고라고라?

두껍고 얇은 정도는 ☐☐ 라고라?
'얇게'라고 하면 안 되는 고라고라?

굵고 무☐ 정도는 ☐기라고라?
'무르기'라고 하면 안 되는 고라고라?

둘, 도도 무슨 도 정도 낱말 회상하기

낌새가 '도'로 끝나는 정도를 나타내는 낱말만 골라 가려 놓았네요. 아무래도 알 도리가 없습니다. 이럴 때는 낌새의 낌새를 보는 것이 최고인데요. 아니나 다를까 우쭐해진 낌새가 힙합으로 힌트를 늘어놓습니다. 빈칸에 알맞은 글자를 써넣어 주세요.

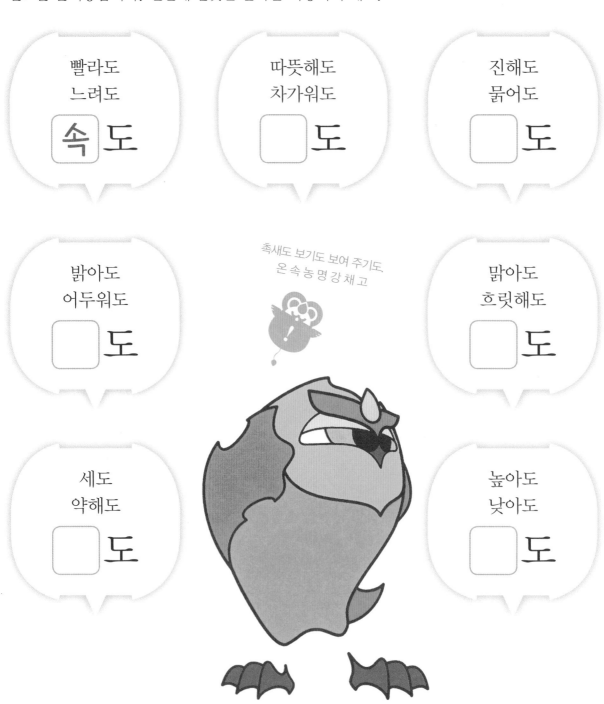

빨라도
느려도

[속]도

따뜻해도
차가워도

[ ]도

진해도
묽어도

[ ]도

밝아도
어두워도

[ ]도

촉새도 보기도 보여 주기도.
온 속 농 명 강 채 고

맑아도
흐릿해도

[ ]도

세도
약해도

[ ]도

높아도
낮아도

[ ]도

모양새의 심술

모양새가 낱말들이 어울려 새로운 낱말이 되는 걸 방해하고 있어요. 낱말들이 제자리를 찾아 새 낱말이 될 수 있도록 여러분이 도와주세요.

하나, 찍소리 직소리 낱말의 형태 알아보기

모양새가 정도를 나타내는 말 뒤에 '찍'이나 '직'이 붙은 것을 가지고 대들고 있습니다. 우리가 헷갈려서 잘못 쓰기 딱 좋은 점을 노리고 있는 것입니다. 직인지 찍인지 맞히면 찍소리도 않고 내주겠답니다. 한판 승부를 해 봅시다.

사이가 꽤 멀다는
- ✓ 멀찍하다
- ☐ 멀직하다

둘레가 꽤 굵다는
- ☐ 굵찍하다
- ☐ 굵직하다

바닥이 꽤 넓다는
- ☐ 널찍하다
- ☐ 널직하다

'직하다'나 '찍하다'가 붙으면 '꽤 그러하다'는 뜻이 돼.

크기가 꽤 크다는
- ☐ 큼찍하다
- ☐ 큼직하다

길이가 긴 듯하다는
- ☐ 길찍하다
- ☐ 길직하다

두께가 얇은 듯하다는
- ☐ 얄찍하다
- ☐ 얄직하다

무게가 꽤 무겁다는
- ☐ 묵찍하다
- ☐ 묵직하다

위치가 꽤 높다는
- ☐ 높찍하다
- ☐ 높직하다

둘, 몹시나 매우디 낱말의 형태(강조) 알아보기

정도를 나타내는 낱말은 같은 글자를 겹쳐 쓰면 '몹시, 매우 그러하다'고 강조하는 말이 됩니다.
모양새가 자기만 바꿀 수 있는 마법인 양 까불고 있네요. 모양새를 보기 좋게 해치워 봅시다.

셋, 가짜는 퇴짜 <small>낱말의 형태(느낌) 알아보기</small>

모양새가 모양이 비슷한 낱말들을 가지고 심술을 부리고 있습니다. 뜻은 비슷한데 말의 느낌이 세고 여린 것만 다릅니다. 그런데 그중 하나는 가짜랍니다. 속아 넘어갈 줄 아나 본데요. 모양새가 지어낸 가짜를 집어냅시다.

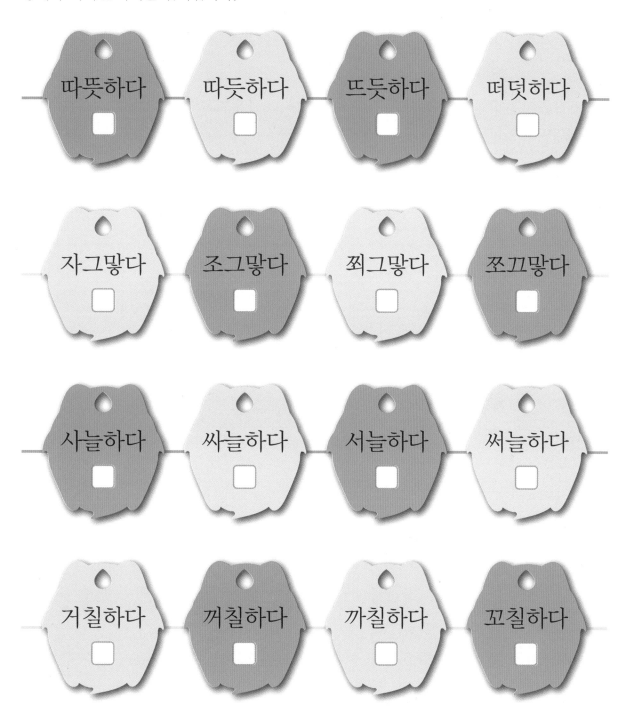

말본새의 훼방

말본새가 낱말들이 갖고 있는 뜻을 알지 못하게 훼방을 놓고 있어요. 낱말들이 제 역할을 할 수 있도록 도와주세요.

하나, 세 글에 한 낱말 — 낱말의 주변적 의미 알기

우리가 정도를 나타내는 낱말을 되찾는 것을 방해하려고 말본새가 나섰습니다. 말본새가 낱말을 지우면 촉새가 낱말을 챙겨 달아나려고 하네요. 말본새가 움직이기 전에 세 글에 모두 쓸 수 있는 낱말을 얼른 찾아내서 ✔표를 하세요.

걸음이 □□□.
세월이 □□□.
시계가 5분 □□□.

- ☐ 두껍다
- ☐ 무겁다
- ✔ 빠르다

구두 굽이 □□ .
하늘이 참 □□.
파도가 아주 □□.

- ☐ 길다
- ☐ 높다
- ☐ 맑다

머리가 □□.
해가 □□.
이야기가 □□.

- ☐ 낮다
- ☐ 길다
- ☐ 멀다

경험이 □□.
돈이 아주 □□.
광장에 사람이 □□.

- ☐ 작다
- ☐ 많다
- ☐ 넓다

표정이 □□□.
눈이 □□□.
방 안이 □□□.

- ☐ 어둡다
- ☐ 무겁다
- ☐ 흐리다

물이 □□.
하늘이 □□.
소리가 □□.

- ☐ 맑다
- ☐ 얕다
- ☐ 깊다

날씨가 □□□.
바람이 □□□.
눈빛이 □□□.

- ☐ 빠르다
- ☐ 차갑다
- ☐ 흐리다

손놀림이 □□□.
옷차림이 □□□.
마음이 □□□.

- ☐ 두껍다
- ☐ 가볍다
- ☐ 가깝다

둘, 비슷하고도 달라 낱말의 중심적 의미 알기

말본새가 뜻이 비슷한 낱말들을 가지고 아주 고약한 내기를 걸어왔습니다. 두 낱말은 바꿔 쓰면 어색할 수도 있답니다. 말본새는 우리가 어색한 낱말을 쓰기를 노리고 있지요. 하지만 글에 어울리는 낱말을 알아내면 나머지 낱말도 내놓겠답니다. 알맞은 낱말에 ✔표 하세요.

□ 음식을 먹고 배탈이 났다.

✔ 찬 차다
☐ 추운 춥다

진달래는 □ 봄에 핀다.

☐ 빠른 빠르다
☐ 이른 이르다

아주 □ 사전을 뒤적여 찾아냈다.

☐ 두꺼운 두껍다
☐ 두터운 두텁다

갑자기 □ 박수가 쏟아졌다.

☐ 뜨거운 뜨겁다
☐ 따가운 따갑다

어디선가 □ 꽃 향기가 났다.

☐ 얕은 얕다
☐ 옅은 옅다

□ 다진 돼지고기를 넣어 주세요.

☐ 잘게 잘다
☐ 작게 작다

셋, 은근슬쩍 한 낱말   유의 관계의 낱말 알기

말본새가 정도를 나타내는 낱말 가운데 비슷한 것을 넷씩 붙잡아 놓고 있습니다. 모두 비슷하다
지만 엉뚱한 것도 은근슬쩍 끼워 놓았네요. 나머지 셋과 뜻이 다른 낱말을 찾아내 ✔표 하세요.

☐ 무겁다	☐ 가늘다	☐ 싸늘하다
☐ 묵직하다	☐ 가느다랗다	☐ 차갑다
✔ 가뿐하다	☐ 가냘프다	☐ 춥다
☐ 듬직하다	☐ 두툼하다	☐ 덥다

☐ 세다	☐ 잽싸다
☐ 여리다	☐ 날쌔다
☐ 강하다	☐ 빠르다
☐ 굳세다	☐ 둔하다

☐ 높다	☐ 비좁다	☐ 길쭉하다
☐ 드높다	☐ 좁다랗다	☐ 기다랗다
☐ 높다랗다	☐ 널찍하다	☐ 길다
☐ 나직하다	☐ 좁디좁다	☐ 짤막하다

말본새의 심술

말본새가 낱말들의 쓰임새를 알지 못하게
심술을 부리고 있어요. 낱말들이 쓰임새에 따라
제 역할을 할 수 있도록 도와주세요.

하나, 한 갈래 나갈래 낱말의 의미 관계 알기

말본새가 항복하는 척, 한 갈래라고 낱말을 다섯 개씩 내놓았습니다. 그런데
가운데 낱말과 어울리지 않는 것도 슬쩍 끼워 놓았습니다. 우리의 낱말 실력
을 망가뜨리려는 수작입니다. 가운데 낱말과 어울리지 않는 것을 내보냅시다.

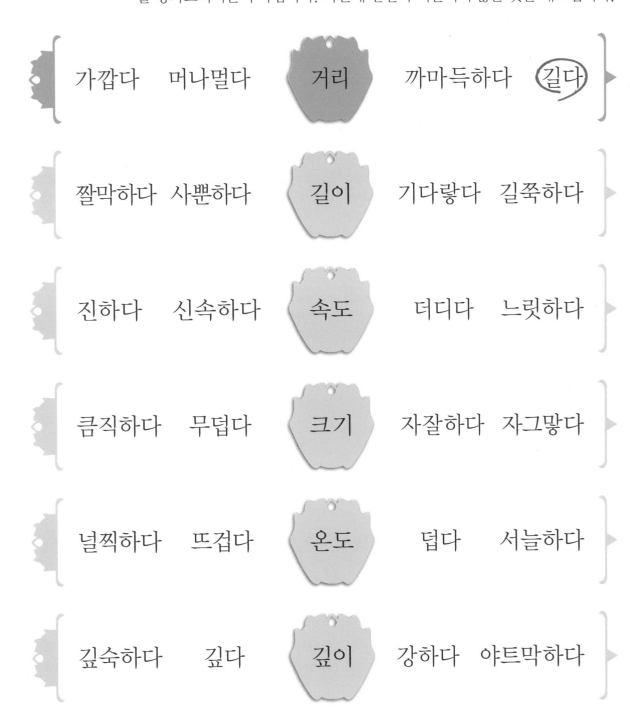

가깝다　머나멀다　**거리**　까마득하다　길다

짤막하다　사뿐하다　**길이**　기다랗다　길쭉하다

진하다　신속하다　**속도**　더디다　느릿하다

큼직하다　무덥다　**크기**　자잘하다　자그맣다

널찍하다　뜨겁다　**온도**　덥다　서늘하다

깊숙하다　깊다　**깊이**　강하다　야트막하다

둘, 가장 최 낱말공식　낱말의 중심적 의미 알기

말본새가 '가장' 어떠하다는 낱말을 만드는 공식을 숨기려다 들켰습니다. 이것만은 내놓지 않으려던 말본새가 부랴부랴 공식 이곳저곳을 지워 놓았습니다. 그러나 자세히 보면 알 수 있을 것 같습니다. 알맞은 낱말로 빈칸을 채워 공식을 완성해 보세요.

높을 = 고
+ 낮을 = 저

높고 낮음 = 고저

높을 = 대
+ 낮을 = 소

크고 작음 = 대☐

길 = 장
+ 짧을 = 단

길고 짧음 = 장단

가장 = 최　가장 = ☐　☐☐ = 최

가장 = ☐
+ 높을 = 고

가장 높음 = ☐고

가장 = 최
+ 큰 = ☐

가장 큼 = 최대

가장 = 최
+ 길 = ☐

가장 김 = 최장

가장 = ☐
+ 낮을 = 저

가장 낮음 = ☐저

가장 = 최
+ 작을 = ☐

가장 작음 = 최소

가장 = ☐
+ 짧을 = 단

가장 짧음 = 최☐

셋, 쓸데 있는 말
낱말의 관용적 의미 알기

말본새가 몰래 감춰 두었던 짤막한 말들을 우연히 발견했습니다. 본래 뜻과는 다른 말이 된 것이라 쓸데없는 말로 여길 줄 알았나 봅니다. 말본새가 허겁지겁 몇 글자씩 지워 버렸습니다. 가만히 보니 모두 앞서 익힌 낱말들입니다. 빈칸에 알맞은 글자를 써넣으세요.

"길고 **짧** 은 것은 대봐야 안다."

크고 작고, 이기고 지고, 잘하고 못하는 것은
실지로 겨루어 보거나 겪어 보아야 알 수 있다.

정말 쓸데없는 말이걸랑.
몰라도 돼. 신경 쓰지 마!

"말이 ☐☐ 면 쓸 말이 적다."

하지 않아도 될 말을 이것저것 많이 늘어놓으면
그만큼 쓸 말은 적어진다.

"세상은 넓고도 ☐ 다."

서로 멀리 떨어져 있는 곳에서 우연히
아는 사람과 만나는 경우를 이른다.

말본새, 왜 짝이 되는
반대말만 지워 놓은 거니?

"먼 사촌보다 ☐☐ 운 이웃이 낫다."

이웃끼리 서로 도우며 사는 것이 중요하다.

"커도 한 그릇 ☐ 아도 한 그릇."

양이 많건 적건 간에 명목상으로는 같다는 말.

북새의 심통

북새가 지금까지 배운 낱말들을 알아볼 수 없도록 숨기거나 엉뚱하게 만들고 있어요. 북새의 심통에 낱말들이 도망가지 않도록 여러분이 지켜 주세요.

하나, 빙고 모르쇠 _{정도 어휘 알기}

북새가 정도를 나타내는 낱말들을 얼음 창고에 가두고 요술 자물쇠 모르쇠로 잠가 버렸습니다. 모르쇠에는 엉터리 낱말들이 씌어 있는데, 한 번 읽을 동안 글에 맞게 고쳐야 합니다. 아니면 모두 녹아 사라져 버린답니다.

팥죽이 너무 묽다 → 묽 다

발이 커서 신이 잦다 → ☐ 다

옷 색깔이 아주 박다 → ☐ 다

오늘 날씨가 참 덮다 → ☐ 다

몸무게가 아주 가엽다 → ☐ ☐ 다

굴껍질이 정말 두텁다 → ☐ ☐ 다

어제보다 기온이 낫다 → ☐ 다

둘, 정도 낱말지도 정도 어휘 알기

정도를 나타내는 낱말들이 이어지는 지도입니다. 정도에 대한 생각을 할 수 없도록 북새가 군데군데 지워 놓았습니다. 낱말 이음새를 살펴보고, 빈칸에 알맞은 글자를 써서 지도를 완성해 보세요.

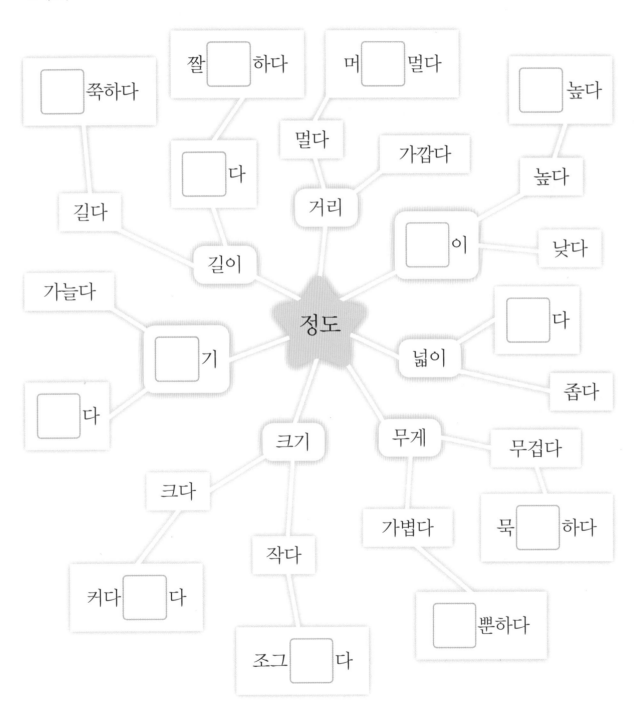

구김새의 꼼수

여기는 무시무시한 구김새의 기지입니다. 낱말들이 잡혀서 옴짝달싹하지 못하고 있습니다. 낱말들이 풀려날 수 있도록 여러분이 도와주세요.

셋, 구김새의 정도 낱말 정도 어휘 알기

구김새의 기지를 찾았습니다. 역시나 낱말들이 갇혀 있습니다. 갇힌 낱말들은 무척 어려운 낱말입니다. 낱말을 구출하려면 쉬운 낱말로 풀이하라고 하네요. 힌트라고는 구김새 동상 아래 있는 글뿐이랍니다. 빈칸에 알맞은 글자를 쓰세요.

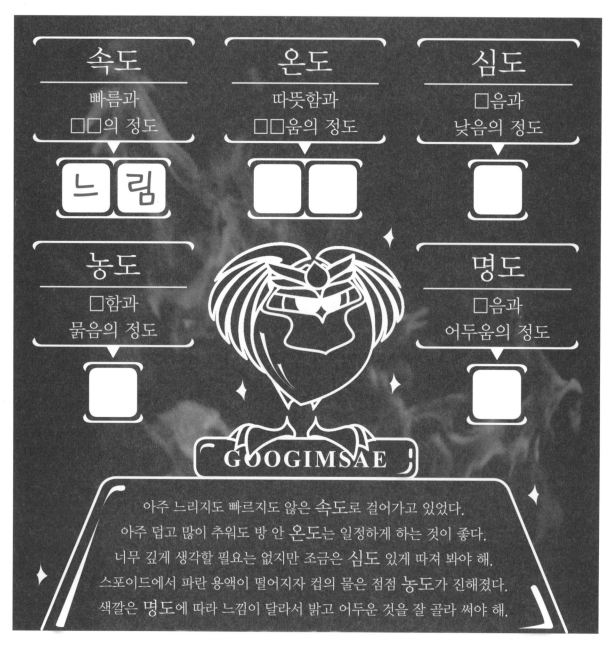

속도
빠름과
□□의 정도
→ ㄴ 림

온도
따뜻함과
□□움의 정도
→ □ □

심도
□음과
낮음의 정도
→ □

농도
□함과
묽음의 정도
→ □

명도
□음과
어두움의 정도
→ □

GOOGIMSAE

아주 느리지도 빠르지도 않은 **속도**로 걸어가고 있었다.
아주 덥고 많이 추워도 방 안 **온도**는 일정하게 하는 것이 좋다.
너무 깊게 생각할 필요는 없지만 조금은 **심도** 있게 따져 봐야 해.
스포이드에서 파란 용액이 떨어지자 컵의 물은 점점 **농도**가 진해졌다.
색깔은 **명도**에 따라 느낌이 달라서 밝고 어두운 것을 잘 골라 써야 해.

다섯째 주

낱낱 5

낱낱을 가리키는 낱말을
가지고 부엉이 요괴들이
심통을 부리고 있습니다.
요괴들에게서 낱말을
되찾아 옵시다.

낌새의 장난

하나, 사람도 사람 나름 _{낱낱 낱말 회상하기}

낌새가 사람을 가리키거나 셀 때 쓰는 낱말을 알아보지 못하게 심통을 부립니다. 어느 책에 쓰인 그런 낱말들을 첫소리 글자만 남기고 싹 지워 버렸습니다. 낱말을 완성해 주세요.

고 놈 참 귀엽게 생겼네!

우리 아들 녀 석 잘 부탁합니다.

명, 분, 녀석,
님, 놈, 이, 씨, 인...
뭐 이런 거 아닐까?

열 ㅁ 이 채 안 되는 작은 모임입니다.

딱 한 ㅂ 만 들어오세요.

자, 홍길동 ㄴ 들어 오세요. 가족이 어떻게 되세요?

우리는 모두 네 사람, 사 ㅇ 가족이지요.

모두 헐뜯기 좋아하는 ㅇ 들이 지어낸 이야기다.

사실 돌석 ㅆ 같이 착한 사람도 없어.

둘, 마리는 몇 마리 <small>낱낱 낱말 회상하기</small>

낌새가 '마리'를 써서 낱낱으로 셀 수 있는 낱말들과 그렇게 할 수 없는 것들을 마구잡이로 뒤섞어 놓았습니다. '마리'를 쓸 수 있는 낱말들은 모두 몇 개나 될까요? 세어 보세요.

콩 밀 잎 곰 풀

사과 개나리 돼지 너구리

소 민들레 딱따구리 맨드라미

벌 경찰관 미꾸라지 딸 옥수수

고슴도치 장난꾸러기 개구쟁이 수박

복숭아 기러기 밤나무 풍뎅이 소나무

진달래 돌고래 코스모스 미루나무

병아리 하늘소 살구 파인애플 감

까마귀 도토리 미나리 도라지

오징어 아저씨 벼 해바라기

시금치 버들강아지

개

둘, 한 개 두 개 되는 개 낱낱 낱말 회상하기

낌새가 낱으로 된 물건을 이르거나 셀 때 쓰는 낱말 '개'를 가지고 장난을 칩니다. 낌새가 물건을 세는 '개'와 어울려 쓰는 낱말을 찾아낼 수 있냐고 우리를 놀리네요. 어울려 쓰는 낱말에 ♡ 표하고 모두 몇 개인지 알아내 낌새를 보기 좋게 해치웁시다.

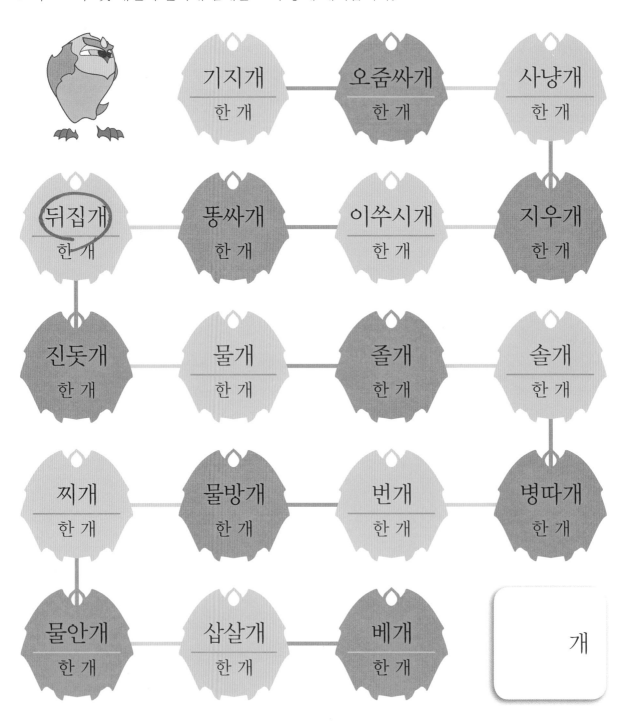

모양새의 심술

모양새가 낱말들이 어울려 새로운 낱말이 되는 걸 방해하고 있어요. 낱말들이 제자리를 찾아 새 낱말이 될 수 있도록 여러분이 도와주세요.

하나, 아 다르고 어 다르고 낱말의 형태 알아보기

모양새가 꼴이 비슷해서 헷갈리기 쉬운 낱말을 가지고 잘난 체를 하고 있습니다. 우리가 가려내지 못할 거라고 믿나 봅니다. 알맞은 낱말에 ✔표 하세요.

열매나 곡식 따위의
낱알을 셀 때는?

☐ 알맹이　✔ 알갱이

동전 따위 납작한
물건을 셀 때는?

☐ 잎　☐ 닢

꽃이나 푸성귀, 돈 따위
묶음을 셀 때는?

☐ 다발　☐ 사발

짐이나 물건을 보자기 따위에 싼
묶음을 셀 때는?

☐ 꾸러미　☐ 꿰미

무더기가 된 꽃이나
풀 따위를 셀 때는?

☐ 떨기　☐ 포기

스스로 작다고 여기는
돈을 셀 때는?

☐ 분　☐ 푼

둘, 별다름 없는 낱말 낱말의 형태 알아보기

낱낱을 이르는 낱말을 없애려고 모양새가 잔뜩 노리고 있습니다. 그런데 같은 뜻 다른 모양의
낱말을 우리가 찾아내면 못 없앤다고 하네요. 올바른 낱말을 찾아내 ✔표 하세요.

흙 한 움큼

- ☐ 앙큼
- ☐ 엉큼
- ✔ 움큼

과자 한 봉지

- ☐ 봉
- ☐ 공
- ☐ 종

생선 한 도막

- ☐ 토막
- ☐ 도망
- ☐ 도마

시멘트 한 포대

- ☐ 부대
- ☐ 반대
- ☐ 무대

밥 한 끼

- ☐ 끼니
- ☐ 미니
- ☐ 고니

쌀 한 주먹

- ☐ 숨
- ☐ 줌
- ☐ 춤

실 한 오라기

- ☐ 온
- ☐ 옷
- ☐ 올

이 부대는 군대가 아니고 자루지.

셋, 하나하나 낱낱이 낱말의 형태 알아보기

낱낱을 이르는 낱말을 거듭 쓰면 '그것 하나마다 또는 그것이 여럿이라는 뜻'이 됩니다. 그런 낱말을 알아보는 것이 못마땅한 모양새가 꼭꼭 숨겨놓았습니다. 모양새가 숨겨놓은 낱말은 어떤 것인지 **보기** 에서 낱낱이 찾아 써 봅시다.

헤, 글 속에 같은
글자가 있어!

보기	줄줄이 칸칸이 겹겹이 번번이 곳곳이 판판이 알알이

모래알이 **알** **알** **이** 눈부시게 반짝이고 있어요.

맨 끝 줄부터 ☐ ☐ **이** 따라 나와라.

어느 한 곳 성한 데 없이 ☐ ☐ **이** 상처다.

한두 번도 아니고 왜 ☐ ☐ **이** 기회를 놓치는 것이냐?

보이는 빈칸은 ☐ ☐ **이** 다 채워 주셔야 합니다.

한 겹으로 싸서 안 될텐데, ☐ ☐ **이** 둘러싸야 해.

첫판을 이기고 나서는 ☐ ☐ **이** 지기만 했어.

말본새의 훼방

말본새가 낱말들이 갖고 있는 뜻을 알지 못하게 훼방을 놓고 있어요. 낱말들이 제 역할을 할 수 있도록 도와주세요.

하나, 쿵짝 단짝 낱말의 중심적 의미 알기

말본새가 낱낱을 이르는 낱말로 우리를 시험하고 있습니다. 물건마다 낱낱을 세는 낱말이 따로 있다는 것을 우리가 모를 줄 아나 봅니다. 알맞은 것을 골라내 말본새의 코를 납작하게 해 줍시다.

심심한데 만화영화 한  **권/편** 봤으면 좋겠다.

이번 생일 선물로 옷 한 **필/벌** 사 줄게.

도대체 받아쓰기 숙제를 몇 **쪽/짝** 이나 하라는 거야?

떡국 한 그릇에 나이도 한 **알/살** 더 먹는 거지.

이 곳에 나무 몇 **그루/자루** 심으면 참 보기 좋겠다.

아빠, 언니가 아이스크림 한 **닢/입** 도 안 주고 다 먹어!

찬물을 두어 **컵/겹** 들이켜고 나니까 정신이 좀 들었다.

둘, 척하면 착이지 <small>낱말의 중심적 의미 알기</small>

말본새가 낱낱을 이르는 낱말로 내기를 하자네요. 세 낱말에 모두 쓸 수 있는 말을 찾는 '척하면 착이지' 내기랍니다. 알맞은 낱말을 찾으면 내기에 쓰인 낱말들을 다 돌려주겠답니다. 촉새의 말에서 찾아 봅시다.

| 덩이 | 방울 | 조각 | | 켤레 | 줄기 | 군데 |

부스럼 출입구 상처 → 군 데

케이크 휴지 얼음 → ☐

수박 주먹밥 떡 → ☐

양말 구두 장갑 → ☐

눈물 참기름 땀 → ☐

강 산 길 → ☐

셋, 낱말 세 고개 낱말의 연상적 의미 알기

말본새가 낱낱을 이르는 낱말을 내놓지 않고, 그 낱말을 들으면 으레 생각나는 다른 낱말을 중얼대고만 있습니다. 말본새의 세 낱말을 듣고 낱낱을 이르는 낱말을 알아냅시다. 촉새가 보기를 알려 주네요.

| 바퀴 | 송이 | 돌 | | 줄 | 토막 | 짝 |

꽃
열매
맺다

송이

나무
갈치
작다

둘
젓가락
안 맞다

생일
어린이
돌아오다

글
가로
읽다

운동장
돌다
맴

말본새의 심술

말본새가 낱말들의 쓰임새를 알지 못하게
심술을 부리고 있어요. 낱말들이 쓰임새에 따라
제 역할을 할 수 있도록 도와주세요.

하나, 머나먼 친구 　낱말의 연상적 의미 알기

말본새가 낱낱을 이르는 세 낱말로 우리를 놀리고 있네요. 세 낱말 가운데 두
개는 뜻이 가깝고 하나는 거리가 멀대요. 거리가 먼 것을 찾아낼 수 있냐고
하는데요. 우리가 말본새의 코를 납작하게 만들어 줍시다.

- ☐ 한 톨
- ☐ 한 알
- ☑ 한 곳

무엇을 세는 것인가 생각하면 되지!

- ☐ 한 토막
- ☐ 한 모금
- ☐ 한 방울

- ☐ 한 쪽
- ☐ 한 면
- ☐ 한 컵

- ☐ 한 뭉치
- ☐ 한 그루
- ☐ 한 포기

- ☐ 한 벌
- ☐ 한 명
- ☐ 한 켤레

- ☐ 한 그릇
- ☐ 한 떨기
- ☐ 한 접시

- ☐ 한 가닥
- ☐ 한 줄기
- ☐ 한 덩이

둘, 한 소리 딴 뜻   동음이의 관계의 낱말 알기

소리는 같지만 뜻이 전혀 다른 낱말을 가지고 우리를 곯려 주려고 마음먹었나 봅니다. 말본 새가 늘어놓은 글에서 파란색 낱말 가운데 나머지 둘과 뜻이 다른 하나를 찾아내 말본새가 쓴 다른 낱말들도 모조리 되찾아 옵시다.

☐ 아이들이 장난으로 던진 돌에 맞았다.
☐ 산에 올라 넓고 편편한 돌 위에 앉았다.
☑ 내 동생은 이제 겨우 두 돌이 넘었다.

☐ 저 바위 위에 얼굴을 조각해야 해.
☐ 유리 조각을 밟지 않도록 조심해라.
☐ 저는 그림보다는 조각에 소질이 있대요.

☐ 이 길을 쭉 따라가면 됩니다.
☐ 선생님, 몇 쪽까지 읽어야 해요?
☐ 신발장에는 운동화가 쪽 늘어서 있었다.

☐ 저에게 엄한 벌을 내려 주세요.
☐ 숙제 안한 벌로 화장실 청소를 해라.
☐ 시장에 가서 겨울옷을 두어 벌 사야겠다.

☐ 나는 포기를 모르는 사람이야.
☐ 풀 한 포기 뽑는데도 힘이 들었다.
☐ 시험에 열 번 떨어지고 포기를 했다.

☐ 망치 자루가 왜 이렇게 짧아?
☐ 호미 자루가 갑자기 똑 부러졌다.
☐ 물건을 자루에다 잘 넣고 꽁꽁 묶어라.

셋, 겉 다르고 속 다른 말 낱말의 관용적 의미 알기

말본새가 낱낱을 이르는 말이 쓰인 속담이나 습관적으로 쓰는 말을 중얼거리고 있습니다. 이 말들은 쓰인 낱말 뜻으로는 알 수 없는 것입니다. 우리가 절대로 모를 것이라고 믿는 모양인데요. 빈칸에 알맞은 것을 골라 되찾아 옵시다.

어림 반 □어치도 없다.

이치에 하나도 맞지 않거나
터무니없는 말을 한다는 말.

☐ 값   ☑ 푼

짚신도 □이 있다.

누구에게나 걸맞는 상대가 있다 또는
어떤 물건이든 어울리는 주인이 있다는 말.

☐ 짝   ☐ 끈

□로 주고 말로 받는다.

조금 주고 그에 대한 값으로
몇 곱절이나 많이 받는다는 말.

☐ 글   ☐ 되

천 리 길도 한 □□부터.

무슨 일이나 그 일의 시작이나
처음이 중요하다는 말.

☐ 걸음   ☐ 시간

발 붙일 □이 없다.

한 곳에 자리를 잡아 붙박이로
있거나 머물러 살 만한 곳이 없다는 말.

☐ 신   ☐ 곳

찔러도 피 한 □□ 안 나겠다.

마음이 차갑고 독하기 짝이 없어
인정이라고는 조금도 없다는 말.

☐ 방울   ☐ 사발

북새의 심통

하나, 개그 쪽지   낱낱 어휘 알기

북새가 낱낱을 이르는 낱말을 훔쳐 달아났습니다. 그래도 북새가 흘리고
간 개그 쪽지를 보면 어떤 낱말인지 짐작할 수 있겠네요. 북새가 개그 작
품에 썼던 낱말을 알아내 봅시다.

천 원 한 장 용돈은

... 글쎄?

천 원 한  용돈은

... 만세!

주스 한 모금은

... 벌컥!

주스 한 은

... 컥컥!

받아쓰기 한 쪽 숙제는

... 만만해!

받아쓰기 한  숙제는

... 막막해!

맨날 '한 푼 줍쇼!'는

... 거지!

맨날 '한  줍쇼!'는

... 돼지!

장갑 두 짝이 있으면

... 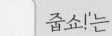레!

장갑 한 짝만 있으면

... 걸레!

둘, 안되는데 씨 낱낱 어휘 알기

큰일 났습니다! 북새가 그동안 익힌 낱낱을 이르는 낱말을 모조리 훔쳐 가 버렸습니다. 하지만 찾아 올 방법이 있습니다. 낱낱을 이르는 낱말을 통틀어 뭐라고 하는지 알아내면 된답니다. 아래에서 낱낱을 이르는 낱말을 모두 골라내고 남은 것을 차례대로 빈칸에 쓰면 된답니다.

어렵지?
사전 찾아봐야겠어.

낱　　　　씨

마리　줌　줄기　포대　조각　섬　칸

줄　편　도막　셈　뭉치　덩이　판

더미　숟갈　톨　끼니　컵　돌

가마니　그루　꾸러미　포기

쪽　통　이름　분　명

잔　켤레

셋. 낱낱 낱말지도 <small>낱말 인식하기</small>

낱낱을 가리키는 낱말들이 이어지는 지도입니다. 낱낱에 대한 생각을 할 수 없도록 북새가 군데군데 지워 놓았습니다. 낱말 이음새를 살펴보고, 빈칸에 알맞은 글자를 써서 지도를 완성해 보세요.

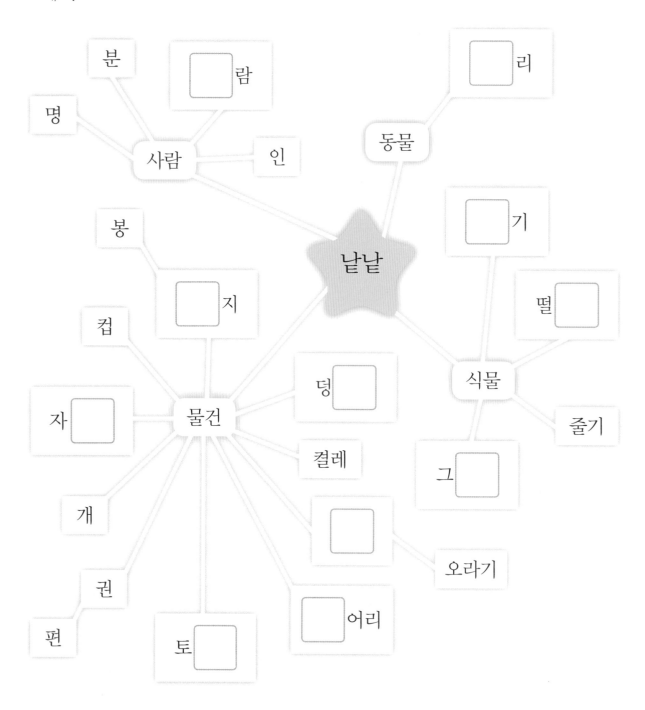

여섯째 주
맛 6

시고 달고 짜고 맵고 떫고 쓴
맛을 나타내는 낱말을 가지고
부엉이 요괴들이 심통을 부리고
있습니다. 요괴들에게서
낱말을 되찾아 옵시다.

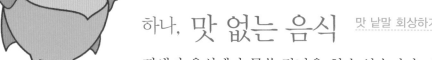
첫째 날 **끔새의 장난**

껌새가 맛 낱말들을 알아보지 못하게 장난을 쳐 놓았어요.
낱말들이 본래의 모습으로 돌아갈 수 있도록
여러분이 도와주세요.

하나, 맛 없는 음식 　맛 낱말 회상하기

껌새가 음식에다 몹쓸 장난을 쳐 놓았습니다. 음식의 맛을 싹 빼앗아 가려 버렸네요. 맛을 잃은 음식들이 제맛을 되찾을 수 있도록 음식의 맛을 써넣어 주세요.

저는 간장이에요!

[짜] 다

막대사탕 이거든요?

[　] 다

레몬 인데요.

[　] 다

난 고추!

[　] 다

나는 땅콩!

[　][　] 하다

난 감. 좀 덜 익었지!

[　] 다

전 커피예요!

[　] 다

전, 생선이요.

[　] 리다

둘, 먹어 봐도 맛을 몰라 <small>맛 낱말 알아보기</small>

낌새가 맛을 가리키는 낱말들을 한데 모아 놓았습니다. 먹어서 혀로 느낄 수 있는 맛이랍니다.
그런데 '먹어서 알 수 없는 맛'도 두 가지 끼워 두었습니다. 어떤 맛일까요? 찾아 보세요.

밥맛	꿀맛	잠맛	감칠맛
물맛	쓴맛	단맛	글맛
장맛	매운맛	신맛	떫은맛
뒷맛	짠맛	손맛	딴맛

셋, 뚱딴지 트집 맛

맛 낱말 알아보기

낌새가 맛을 가리키는 낱말들을 가리고 괜한 트집을 잡고 있습니다. 맛을 가리키는 어떤 낱말에 짝이 되는 낱말이 왜 없냐고 뚱딴지 같은 소리를 합니다. 낌새가 트집질로 가려 놓은 낱말은 무엇인지 보기에서 찾아 쓰세요.

보기						
	제맛	손맛	뒷맛	첫맛	딴맛	참맛

□□은 있는데
'발맛'은 왜 없는 거야?

손 맛

□□은 있는데
'끝맛'은 왜 없는 거야?

□□은 있는데
'남맛'은 왜 없는 거야?

□□이 있으면
'같은맛'도 있어야지, 왜 없어?

□□이 있으면
'앞맛'도 있어야지, 왜 없어?

□□은 있는데
'가짜맛'은 없어, 이상해!

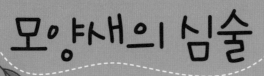

모양새의 심술

모양새가 낱말들이 어울려 새로운 낱말이 되는 걸 방해하고 있어요. 낱말들이 제자리를 찾아 새 낱말이 될 수 있도록 여러분이 도와주세요.

하나, 낱말 공식 낱말의 형태 알기

맛을 가리키는 낱말들을 만드는 법칙을 알려 주는 낱말 공식이랍니다. 그런데 모양새가 낱말 공식 이곳저곳을 지워 놓았습니다. 낱말 공식을 살펴보고, 빈 곳에 알맞은 글자를 써넣어 낱말 공식을 완성해 보세요.

맛이 달다 = 맛이 꿀이나 설탕의 맛과 같다
단 맛 = 맛이 꿀이나 설탕의 맛과 같은

맛이 시다 = 맛이 식초나 설익은 살구와 같다
□ 맛 = 맛이 식초나 설익은 살구와 같은

맛이 쓰다 = 맛이 한약이나 씀바귀의 맛과 같다
□ 맛 = 맛이 한약이나 씀바귀의 맛과 같은

맛이 짜다 = 맛이 소금과 같다
짠 맛 = 맛이 소금과 □ □

맛이 맵다 = 맛이 고추나 겨자의 맛과 같다
□ □ 맛 = 맛이 고추나 겨자의 맛과 □ □

둘, 센 맛 약한 맛 낱말의 형태(센말) 알기

모양새가 맛을 가리키는 낱말을 붙잡아 놓고 생떼를 쓰고 있습니다. 모양새가 중얼거리는 낱말보다 더 센 맛을 가리키는 낱말로 바꾸면 돌려주겠다나요. 우리가 바꿔 봅시다.

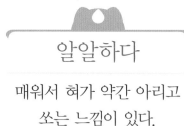

알알하다

매워서 혀가 약간 아리고 쏘는 느낌이 있다.

얼얼하다

맹맹하다

음식이 제맛이 나지 않고 싱겁다.

☐☐하다

칼칼하다

음식 맛이 맵고도 개운하다.

☐☐하다

아보다는 어
오보다는 우나, 의

새콤하다

조금 신 맛이 있다.

☐☐하다

팍팍하다

음식이 물기나 끈기가 적어 메마르다.

☐☐하다

매콤하다

냄새나 맛이 약간 맵다.

☐☐하다

셋, 이거냐 저거냐 낱말의 형태 알기

모양새가 맛을 가리키는 낱말을 잡아다 놓고는 혹시나 빼앗길까 봐 가짜도 만들었습니다. 모양새가 늘어놓은 낱말 가운데 진짜는 어느 것일까요? 진짜 낱말에 ✔표 해서 되찾아옵시다.

나물을 무칠 때는 참기름을 넣어야 { ✔고소하다 : ☐꼬소하다 }.

커피가 오늘따라 아주 { ☐씁쓸하다 : ☐씁슬하다 }.

수박 장사가 수입이 { ☐잡잘하다 : ☐짭짤하다 }.

입 안에 감도는 맛이 { ☐달짝지근하다 : ☐달작지근하다 }.

할머니가 만드신 밑반찬이 참 { ☐맛갈난다 : ☐맛깔난다 }.

어라, 맛이 조금 { ☐쌉쌀하다 : ☐쌉살하다 }.

순두부찌개가 아주 { ☐얼근하다 : ☐얼큰하다 }.

말본새의 훼방

말본새가 낱말들이 갖고 있는 뜻을 알지 못하게
훼방을 놓고 있어요. 낱말들이 제 역할을
할 수 있도록 도와주세요.

하나, 세 글에 한 낱말　낱말의 주변적 의미 알기

말본새가 세 글에서 같은 낱말을 쏙 빼내 버렸습니다. 모두 맛을 가리
키는 낱말들인데요. 찾아갈 테면 찾아가 보라고 합니다. 어떤 낱말인지
알아내어 되찾아 옵시다.

보기	싱겁다	시원하다	짭짤하다
	구수하다	고소하다	상큼하다

강에서 불어오는 바람이 참 □□□□.
콩나물국이 아주 □□□□.
화장실 갔다 왔더니 속이 □□□□.
→ 시 원 하 다

어디서 깨를 볶나? 냄새가 □□□□.
악당 녀석이 혼나니 참 □□□□.
아무리 먹어도 달고 □□□□.
→

물을 많이 넣었나, 라면이 □□□.
뭐가 그래, 이야기가 □□□.
그 녀석 성격이 원래 좀 □□□.
→

지난여름 수박 장사 수입이 □□□□.
된장국 간이 감칠맛 있게 □□□□.
며느리 살림 솜씨가 참 □□□□.
→

레몬즙을 조금만 뿌려도 □□□□.
시골에서 맡는 흙냄새가 □□□□.
복숭아 향기가 □□□□.
→

마을 사람들 인심이 아주 □□□□.
옛날이야기는 언제나 □□□□.
엄마가 끓인 된장찌개가 정말 □□□□.
→

둘, 맛 없는 맛 <small>낱말의 연상적 의미 알기</small>

말본새가 맛을 가리키는 어떤 낱말들을 붙잡아 놓고 생떼를 쓰고 있습니다. 원래 낱말을 생각하면 떠오르는 세 가지 낱말을 중얼대기만 합니다. 말본새가 중얼거리는 낱말을 보고, 원래 낱말을 보기 에서 되찾아 옵시다.

보기

| 꿀맛 | 뒷맛 | 살맛 | 입맛 | 잠맛 | 매운맛 |

고추 알알하다 독하다
→ 매 운 맛

달다 재미있다 꿀벌
→ ☐ 맛

침대 이불 밤
→ ☐ 맛

당기다 흥미 잃다
→ ☐ 맛

세상 살다 재미
→ ☐ 맛

일 끝 느낌
→ ☐ 맛

셋째 날

셋, 낱말 섞어찌개   유의 관계의 낱말 알기

말본새가 맛을 가리키는 낱말 가운데 뜻이 비슷한 것을 둘씩 붙잡아 글자를 마구 섞어 놓았습니다. 어떤 맛인지 알아볼 수 있다면 돌려주겠다네요. 두 개의 낱말을 빈칸에 나누어 써 보세요.

메 껍 스 거 다 슥 메 리 다

메	스	껍	다

메	슥	거	리	다

상 하 시 다 큼 원 하 다

큼			

시		

알 맵 하 싸 다 알 하 다

맵		

알		

밍 싱 밍 하 다 겁 다

겁		

감 미 달 콤 하 다 롭 다

감		

콤		

맛 나 깔 있 다 맛 다

맛		

맛		

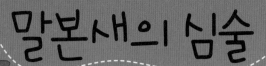

말본새의 심술

말본새가 낱말들의 쓰임새를 알지 못하게
심술을 부리고 있어요. 낱말들이 쓰임새에 따라
제 역할을 할 수 있도록 도와주세요.

하나, 맛깔 셈법 낱말의 중심적 의미 알기

말본새가 맛깔 셈법을 보여 주네요. 두 개의 맛이 합쳐진 것을 보여 주는 셈법이에요. 그런데 말본새가 맛깔 셈법을 여기저기 지워 놓았습니다. 맛깔 셈법을 완성해서 맛깔 낱말들을 되찾아 옵시다.

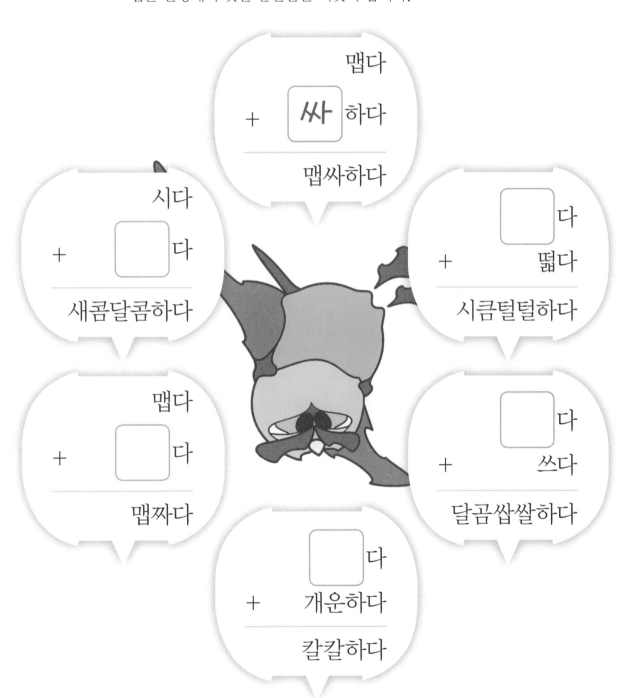

맵다
+ 싸 하다
맵싸하다

시다
+ □ 다
새콤달콤하다

□ 다
+ 떫다
시큼털털하다

맵다
+ □ 다
맵짜다

□ 다
+ 쓰다
달곰씁쌀하다

□ 다
+ 개운하다
칼칼하다

둘, 맛깔 책꽂이 낱말의 중심적 의미 알기

말본새가 맛을 가리키는 낱말을 책표지에다 써놓고는 혹시나 알아챌까 여기저기 가려 놓았답니다. 가만 보니 보통 맛, 조금 센 맛, 아주 센 맛 차례로 늘어놓았네요. 말본새가 가려 놓은 빈칸에 알맞은 글자를 써넣어 되찾아 오세요.

셋, 참맛 딴맛 낱말의 관용적 의미 알기

말본새가 '맛'이 들어간 글을 내놓고 빈칸에 들어갈 말이 무엇인지 알겠냐고 하네요. 우리가 모를 줄 아나 봅니다. 올바른 말에 ✔표 해서 말본새의 코를 납작하게 해 줍시다.

이번에 제대로 [　　　　]을 보았으니 정신을 차릴 거야.

- ☐ 뜨거운 맛
- ☐ 따가운 맛

잘난 척하다 시합에서 졌다니 참 [　　　　]이다.

- ☐ 깨소금 맛
- ☐ 왕소금 맛

사람은 누구나 [　　　　]에 산다고 한다더라.

- ☐ 저 별난 맛
- ☐ 저 잘난 맛

어떻게 지내냐고? 아주 영 [　　　　]이야!

- ☐ 죽을 맛
- ☐ 없을 맛

무슨 음식이 이래? [　　　　] 아닌데?

- ☐ 네 맛도 내 맛도
- ☐ 너 맛도 나 맛도

이게 뭐니, 그냥 [　　　　]인걸?

- ☐ 맹물 맛
- ☐ 찬물 맛

북새의 심통

북새가 지금까지 배운 낱말들을 알아볼 수 없도록 숨기거나 엉뚱하게 만들고 있어요. 북새의 심통에 낱말들이 도망가지 않도록 여러분이 지켜 주세요.

하나, 우스개 맛
맛 어휘 알기

북새가 맛을 가리키는 낱말을 가져다 꿀꺽하고는 엉뚱한 우스갯소리를 해 대고 있습니다. 북새가 꿀꺽해 버린 낱말을 알아내야 되찾을 텐데요. 북새가 종알대는 말을 살펴보고, 낱말을 알아냅시다.

> 음식에서 우러나오는 맛이지.
> 하지만 아쉽고 어쩔 수 없을 때도 느껴!
> 왜? 손가락 빨잖아.

손 맛

> 마시는 물의 맛이지.
> 하지만 시험에 떨어졌을 때도 느껴!
> 왜? 물먹었잖아.

> 된장이나 간장의 맛이지.
> 하지만 장기 둘 때도 느껴!
> 왜? "장이야, 멍이야." 하잖아.

> 눈으로 보고 느끼는 기분이지.
> 하지만 둘이 사랑할 때도 느껴!
> 왜? 눈 맞았잖아.

> 세상 살아가는 맛이지.
> 하지만 설날에도 느껴!
> 왜? 한 살 더 먹잖아.

> 특별한 맛이지.
> 하지만 어지러울 때도 느껴!
> 왜? 별이 보이잖아.

둘, 가린 맛 맛 어휘 알기

북새가 맛과 관계있는 속담의 낱말 하나씩을 가려 버렸습니다. 절대로 내놓지 않겠답니다. 하지만 촉새의 그림 카드를 보면 어떤 낱말인지 알 것 같네요. 가려진 낱말을 되찾아 옵시다.

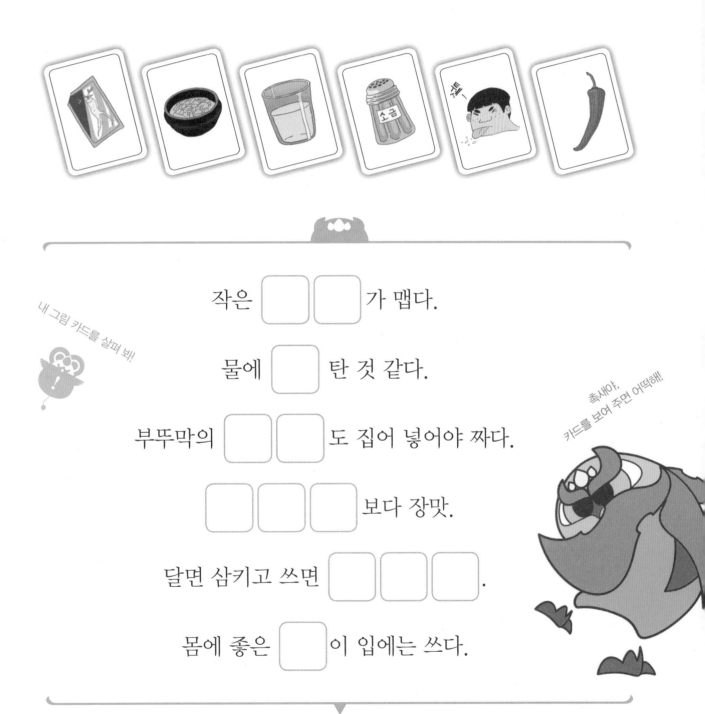

내 그림 카드를 살펴 봐!

작은 ☐☐ 가 맵다.

물에 ☐ 탄 것 같다.

부뚜막의 ☐☐ 도 집어 넣어야 짜다.

☐☐☐ 보다 장맛.

달면 삼키고 쓰면 ☐☐☐ .

몸에 좋은 ☐ 이 입에는 쓰다.

촉새야, 카드를 보여 주면 어떡해!

셋, 맛 낱말지도 맛 어휘 알기

맛을 가리키는 낱말들이 이어지는 지도입니다. 맛에 대한 생각을 할 수 없도록 북새가 군데군데 지워 놓았습니다. 낱말 이음새를 살펴보고, 빈칸에 알맞은 글자를 써서 지도를 완성해 보세요.

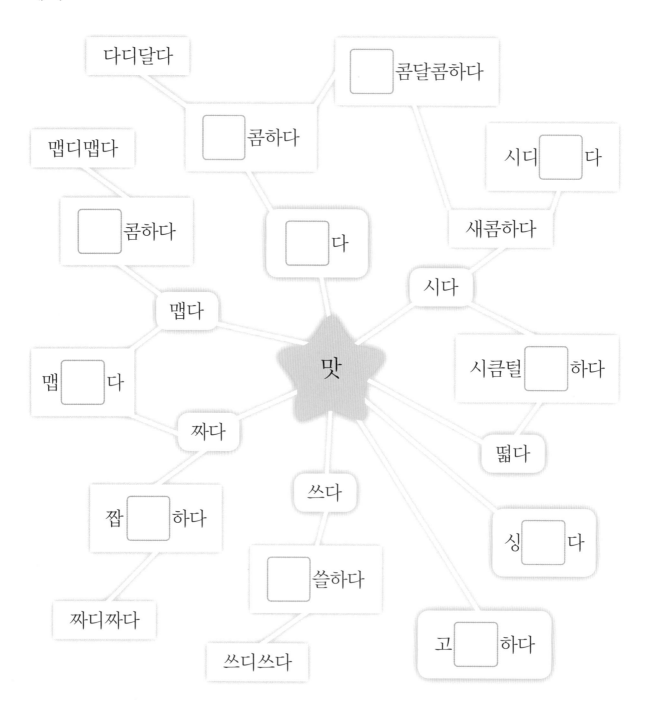

일곱째 주
날씨 7

날씨를 가리키거나 나타내는
낱말을 가지고 부엉이 요괴들이
심통을 부리고 있습니다.
요괴들에게서 낱말을
되찾아 옵시다.

껌새의 장난

하나, 비야비야 비나이다　날씨 낱말 회상하기

껌새가 우리들 기억 속에서 비 낱말을 지우려고 비 오지 말라는 주문을 웁니다. 딴에는 어떤 비인지 눈치채지 못하게 중얼대는데요, 어떤 비인지 알 것 같습니다. 비나이다 주문으로 대꾸하면 된답니다. 빈칸에 알맞은 글자를 써넣어 완성해 보세요.

비야비야 보슬보슬 오지마라	비나이나 □□ 비나이다.
비야비야 차게 차게 오지마라	비나이다 □ 비나이다
비야비야 해가 진 뒤 오지마라	비나이다 □ 비나이다
비야비야 꼭 알맞게 오지마라	비나이다 □ 비나이다.
비야비야 송알송알 오지마라	비나이다 □ 슬비나이다
비야비야 뿌연 연기 오지마라	비나이다 안 □ 비나이다
비야비야 긴 막대기 오지마라	비나이다 장 □ 비나이다
비야비야 여우같이 오지마라	비나이다 □ 우비나이다
비야비야 가늘가늘 오지마라	비나이다 □ 랑비나이다

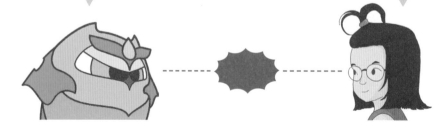

일곱 번째 말뭉치

날씨

둘, 부채질 기계   날씨 낱말 회상하기

낌새가 부채 바람을 집에서 쓰는 어떤 기계에다 숨겨 놓았어요. 하지만 그 기계의 뜻이 '부채질 기계'라는 뜻인 모르는 이가 많습니다. 다 낌새의 장난 때문이랍니다. 낌새가 비눗방울로 가두어 놓은 글자들 가운데 '바람'이 붙을 수 있는 것들을 모두 지워 보세요. 그러면 드러나는 부채질 기계의 이름을 써 주세요.

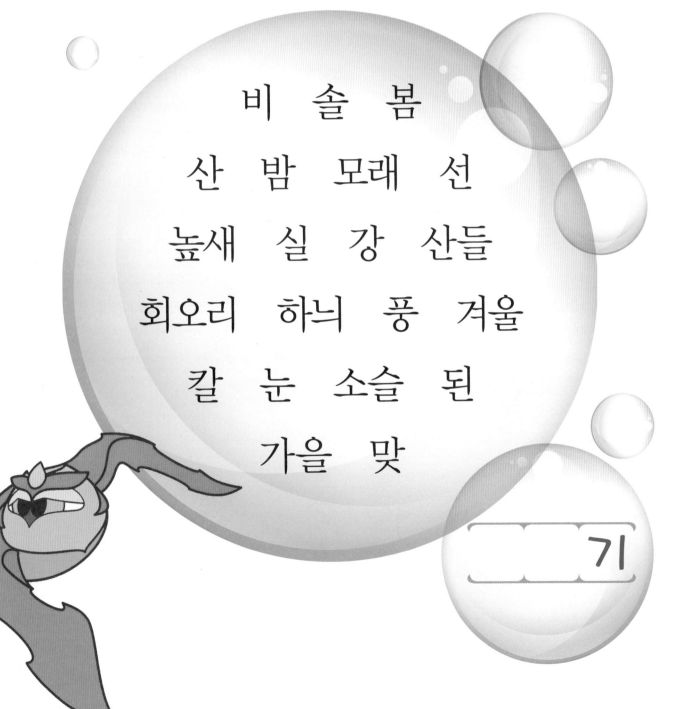

비 솔 봄

산 밤 모래 선

높새 실 강 산들

회오리 하늬 풍 겨울

칼 눈 소슬 된

가을 맞

□ □ □ 기

날씨 **109**

셋, 날씨 글씨 날씨 낱말 알아보기

낌새가 날씨와 관계있는 낱말들에 몹쓸 장난을 하고 있습니다. 엉뚱하게 고쳐서 다른 낱말로 바꾸어 놓았네요. 모두 우리가 날씨 낱말을 못 쓰게 하려는 속셈이지요. 낌새가 종알대는 낱말을 바르게 고쳐 주세요.

야, 하늘에서
수박이 쏟아진다.

우 박

지난밤에 거리가
많이 내렸다.

기름 한 점 없이
파란 하늘이 눈부셔.

멀리서 천당이
울리기 시작한다.

수레와 같은
박수가 쏟아졌다.

안내가 짙어서
앞이 안 보여.

어느새 마을이
빨갛게 물들고 있었다.

밤새 내린 문에
세상이 온통 하얗다.

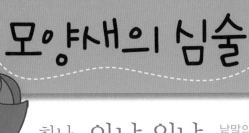

모양새의 심술

모양새가 낱말들이 어울려 새로운 낱말이 되는 걸 방해하고 있어요. 낱말들이 제자리를 찾아 새 낱말이 될 수 있도록 여러분이 도와주세요.

하나, 와냐 워냐   낱말의 형태 알기

어떤 낱말은 끄트머리가 바뀌어 쓰이는데, 바뀌는 꼴이 그때그때 달라지기도 합니다. 심술궂게도 모양새가 글 속에서 낱말의 끄트머리가 와냐 워냐 묻고 있습니다. 알맞은 것을 골라 낱말을 되찾아 옵시다.

방이 너무 차갑다. + 잠을 잘 수가 없다.

= 방이 너무 차가 **워** 잠을 잘 수가 없다.

와냐?
워냐?

날씨가 아주 춥다. + 밖에 나가기 싫다.

= 날씨가 아주 추 ☐ 밖에 나기기 싫다.

와냐?
워냐?

불 앞에서 일을 했더니 덥다. + 못 견디겠다.

= 불 앞에서 일을 했더니 더 ☐ 못 견디겠다.

와냐?
워냐?

누나가 숙제를 돕는다. + 일찍 끝날 것 같다.

= 누나가 숙제를 도 ☐ 일찍 끝날 것 같다.

와냐?
워냐?

진달래는 색깔이 참 곱다. + 누구나 좋아한다.

= 진달래는 색깔이 참 고 ☐ 누구나 좋아한다.

와냐?
워냐?

둘, 받치시옷 빼시옷 낱말의 형태 알기

비와 어울려 새 낱말이 되는 것 가운데는 'ㅅ'을 받치는 것과 안 받치는 것이 있습니다. 하필이면 모양새가 이런 낱말들로 심술을 피우네요. 비 낱말을 보고 ㅅ을 받칠 것과 뺄 것을 골라봅시다. 빼야 하는 것에는 빼시옷, 받쳐야 할 것에는 받치시옷을 외치면서 ✓표 하세요.

비와 옷

빗옷

✓ 빼시옷
☐ 받치시옷

비와 물

빗물

☐ 빼시옷
☐ 받치시옷

비와 길

빗길

☐ 빼시옷
☐ 받치시옷

비와 방울

빗방울

☐ 빼시옷
☐ 받치시옷

비와 구름

빗구름

☐ 빼시옷
☐ 받치시옷

비와 바람

빗바람

☐ 빼시옷
☐ 받치시옷

비와 소리

빗소리

☐ 빼시옷
☐ 받치시옷

비와 줄기

빗줄기

☐ 빼시옷
☐ 받치시옷

받치시옷! 놔두시옷! 외쳐 보시옷!

재미나시옷! 가만히 계시옷!

셋, 줄이고 빼고 낱말의 형태 알기

두 낱말이 어울려 새 낱말이 되면서 어딘가 줄어들거나 빠진 것들이 있습니다. 이게 다 새 낱말을 얼른 알아보는 게 배가 아픈 모양새가 한 짓이랍니다. 모양새가 줄이거나 뺀 낱말에서 본래 두 낱말을 알아내 봅시다.

갈바람

가을에 부는 바람

가 을 + **바 람**

소낙비

갑자기 세차게 쏟아지다
그치는 소나기 비

☐ ☐ + **비**

저녁놀

해가 지는 저녁때의 노을

저 녁 + ☐ ☐

싸락눈

부서진 쌀알인 싸라기처럼
내리는 눈

☐ ☐ + **눈**

겨우살이

겨울 동안 살아가는 데 필요한
양식이나 옷가지 따위

☐ ☐ + **살 이**

하느님

세상을 만들었다고 믿어서
하늘을 높여 부르는 말

☐ ☐ + **님**

말본새의 훼방

말본새가 낱말들이 갖고 있는 뜻을 알지 못하게 훼방을 놓고 있어요. 낱말들이 제 역할을 할 수 있도록 도와주세요.

하나, 사라진 임자말　낱말의 주변적 의미 알기

말본새가 날씨와 관계있는 낱말 8가지를 붙잡고 생떼를 쓰고 있습니다. 8가지 낱말과 어울리는 풀이말만 종알대고 있습니다. 이 정도는 알아야 낱말의 임자가 될 자격이 있다나요? 풀이말에 어울리는 임자말을 써 줍시다.

□□가	□가	□이	□□□가
끼다	그치다	오다	뜨다
일다	내리다	녹다	걸리다
서리다	퍼붓다	내리다	나타나다
피어오르다	쏟아지다	쏟아지다	사라지다

안 개			

□□이	□□이	□□이	□□이
불다	가다	들다	지다
일다	끼다	비치다	물들다
치다	떠가다	쏟아지다	번지다
스치다	몰려오다	내리쬐다	타오르다

둘, 알쏭달쏭 아리송 낱말의 중심적 의미 알기

말본새가 날씨와 관계있는 낱말 가운데 몇몇을 아리송 소나무에 걸어 두었습니다. 무척 알쏭달쏭한 낱말들로 짝을 이루고 있네요. 낱말을 되찾으려면 알맞은 낱말을 빈칸에 써 보라고 하네요. 보기 에서 알맞은 낱말을 찾아 써서 말본새의 코를 납작하게 해 줍시다.

햇빛 이 눈부시면

햇볕 은 따뜻해.

☐☐ 이 소리라면

☐☐ 는 불꽃.

☐☐ 가 얼음 쪼가리라면

☐☐ 은 얼음 덩어리.

☐☐ 가 낀다면

☐☐☐☐ 는 피어올라.

☐☐☐ 가 바람에 날리는 눈이라면

☐☐☐ 은 눈을 날리는 바람.

☐☐☐ 가 잠깐 오다 그친다면

☐☐☐ 는 갑자기 쏟아지다가 그쳐.

보기

천둥

햇빛

서리

눈보라

여우비

안개

번개

햇볕

우박

눈바람

소나기

아지랑이

셋, 말대꾸 맞대꾸 낱말의 의미 관계 알기

말본새는 자기 말을 맞받아서 대꾸하는 것을 가장 싫어합니다. 말본새가 훔쳐간 말을 자랑삼아 중얼거릴 때 걸맞은 맞대꾸를 해 보세요. 화가 난 말본새가 훔쳐간 말들을 스스로 내버릴 겁니다. 빈칸에 알맞은 낱말을 써넣어 보세요.

추위는 강추위 —— 더위는 [무]더위

눈은 싸라기눈 —— 구름은 [ ]각[ ][ ]

아침에는 해돋이 —— 저녁에는 저녁[ ]을

봄에는 꽃바람 —— 겨울에는 [ ]바람

어쭈,
제법인데.

뭘,
이 정도 가지고.

비는 빗방울 —— 눈은 [ ]송[ ]

여름에 땀이 뻘뻘 —— 겨울에 [ ]름이 오싹

번개는 번쩍번쩍 —— [ ]개는 아른아른

햇볕은 쨍쨍 —— [ ][ ]은 쌩쌩

아, 내가 미쳐.
따라 하지 마.

히히,
빨리 내놔!

말본새의 심술

말본새가 낱말들의 쓰임새를 알지 못하게 심술을 부리고 있어요. 낱말들이 쓰임새에 따라 제 역할을 할 수 있도록 도와주세요.

하나, 눈치코치 한자말 낱말의 중심적 의미 알기

말본새가 날씨와 관계있는 낱말 가운데 한자말을 가지고 놀리고 있습니다. 한자말이라고 우리를 만만하게 보나 봅니다. 그런데 눈치로도 알아차릴 수 있습니다. 빈칸에 알맞은 글자를 써서 코를 납작하게 만들어 주세요.

폭행은 거친 행동
폭력은 거친 힘

그럼 **폭** 은 거칠다이네!

▼

동풍은 동쪽 바람
서풍은 서쪽 바람

그럼 ☐ 은 바람이네!

▼

그럼 거친 바람은

☐☐ 이겠지?

우기는 비 내리는 때
우산은 비 가리개

그럼 ☐ 는 비네!

▼

내의는 안에 입는 옷
상의는 윗몸에 입는 옷

그럼 ☐ 는 옷이네!

▼

그럼 비옷은

☐☐ 겠지?

그렇다면 말이야,
거친 바람과 함께 오는 비는 무얼까?

☐☐☐

둘, 흐리마리 흐리마리 낱말의 의미 관계 알기

말본새가 흐리마리 내기를 걸어왔습니다. 네 낱말 중에 날씨와 관계없는 것을 한눈에 찾아내는 것인데요. 그동안 되찾아간 낱말과 내기에 쓰인 낱말들을 걸고 하잡니다. 내기마다 '흐리마리'를 두 번 월 동안 해내야 한답니다. 낱말을 찾아 ✓표 하세요.

흐리마리흐리마리
- [ ] 안개
- [ ] 번개
- [✓] 솔개
- [ ] 무지개
흐리마리흐리마리

흐리마리흐리마리
- [ ] 신바람
- [ ] 실바람
- [ ] 된바람
- [ ] 산들바람
흐리마리흐리마리

흐리마리흐리마리
- [ ] 이슬비
- [ ] 가랑비
- [ ] 진눈깨비
- [ ] 바람개비
흐리마리흐리마리

흐리마리흐리마리
- [ ] 씽씽
- [ ] 쌩쌩
- [ ] 윙윙
- [ ] 떵떵
흐리마리흐리마리

흐리마리흐리마리
- [ ] 펄펄
- [ ] 펑펑
- [ ] 사락사락
- [ ] 슬렁슬렁
흐리마리흐리마리

흐리마리흐리마리
- [ ] 주룩주룩
- [ ] 추적추적
- [ ] 비실비실
- [ ] 부슬부슬
흐리마리흐리마리

흐리마리흐리마리
- [ ] 차다
- [ ] 춥다
- [ ] 싸하다
- [ ] 쌀쌀하다
흐리마리흐리마리

흐리마리흐리마리
- [ ] 덥다
- [ ] 뜨겁다
- [ ] 따뜻하다
- [ ] 미지근하다
흐리마리흐리마리

흐리마리흐리마리
- [ ] 우중충하다
- [ ] 뺀질뺀질하다
- [ ] 찌뿌드드하다
- [ ] 구질구질하다
흐리마리흐리마리

셋. 벼락 맞을 소리 낱말의 관용적 의미 알기

말본새가 날씨와 관계있는 말을 중얼거리고 있습니다. 그런데 우리가 잘못 쓰게 하려고 낱말들을 엉뚱한 것으로 바꿔 놓았네요. 벼락 맞을 소리를 하고 있는 것이지요. 올바른 낱말로 바꾸어 찾아 옵시다.

마른 하늘에 도시락

뜻하지 않게 어려움을 당할 때
이렇게 말하지.

쥐구멍에도 변들 날 있다

형편이 좋지 않은 사람도 좋은
운이 들 때가 있다는 말이지.

반딧불에 콩 볶아 먹겠다

행동이 재빠르거나 어떤 일을
서둘러 할 때 이렇게 말해.

서쪽에서 개가 뜨다

전혀 예상 밖의 일이 벌어질 때
이렇게 말하지.

가문에 콩 나듯

어떤 일이나 물건이 드문드문
있을 때 이렇게 말해.

피 온 뒤에 땅이 굳어진다

사람은 어려움을 겪은 뒤에 더
강해진다는 말이야.

북새의 심통

하나, 말되는 반되말 날씨 어휘 알기

북새가 우리 머릿속에서 날씨 낱말을 싹싹 지우다 딱 걸리고 말았습니다. 시간이 모자라 몇몇 낱말은 말도 안되는 말로 고쳐 놓았네요. 북새 딴에는 말이 되는 반대말이라고 해서 '반되말'이라고 하네요. 도대체 어떤 말을 반되말로 고쳐 놓은 것일까요?

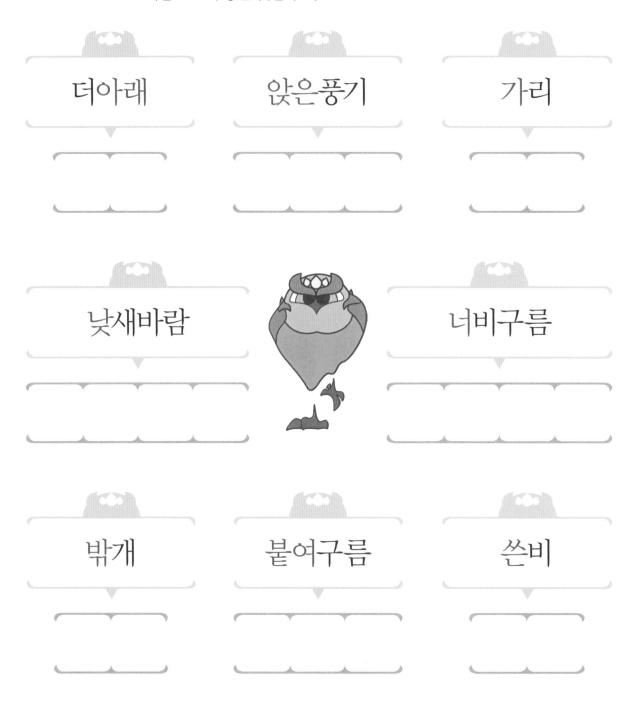

더아래

앉은풍기

가리

낮새바람

너비구름

밖개

붙여구름

쓴비

둘, 알동요 말동요 날씨 어휘 알기

노래라면 좋아 어쩔 줄 모르는 북새가 동요 '겨울바람'을 훔쳐서 달아납니다. '겨울바람'의 제목도 바꾸고 노랫말도 바꾸어 부르면 귀가 솔깃해진 북새가 돌아올 겁니다. 그 때 붙잡으면 됩니다. 보기 에서 알맞은 글자를 골라 빈칸에 넣고 불러 주세요.

여러 번 쓰는
글자도 있어.

보기

땀　여　숨　뻘　날　바　람　켰　거　헉

♫ 겨울바람

손이 시려워 꽁 발이 시려워 꽁

겨울바람 때문에 꽁꽁꽁

손이 꽁꽁꽁 꽁 발이 꽁꽁꽁 꽁

겨울바람 때문에 꽁꽁꽁

어디서 이 바람은 시작됐는지

산 너머인지 바다 건넌지

너무너무 얄미워

손이 시려워 꽁 발이 시려워 꽁

겨울바람 때문에 꽁꽁꽁

손이 꽁꽁꽁 꽁 발이 꽁꽁꽁 꽁

겨울바람 때문에 꽁꽁꽁

♫ 여 름바람

날 이 무더워 □ 몸이 무더워 □

여름 □ □ 때문에 뻘뻘뻘

맘도 뻘뻘뻘 뻘 □ 도 뻘뻘뻘 뻘

여름바람 때문에 뻘뻘뻘

어디서 이 바람은 시작됐는지

히터 □ 는지 보일러 □ 는지

너무너무 뜨 □ 워

날이 뜨거워 헉 몸이 뜨거워 헉

여름바람 때문에 헉헉헉

목도 헉헉헉 헉 □ 도 헉헉헉 헉

여름바람 때문에 □ □ □

셋. 날씨 낱말지도 <small>낱말인식하기</small>

날씨를 가리키는 낱말들이 이어지는 지도입니다. 날씨에 대한 생각을 할 수 없도록 북새가 군데군데 지워 놓았습니다. 낱말 이음새를 살펴보고, 빈칸에 알맞은 글자를 써서 지도를 완성해 보세요.

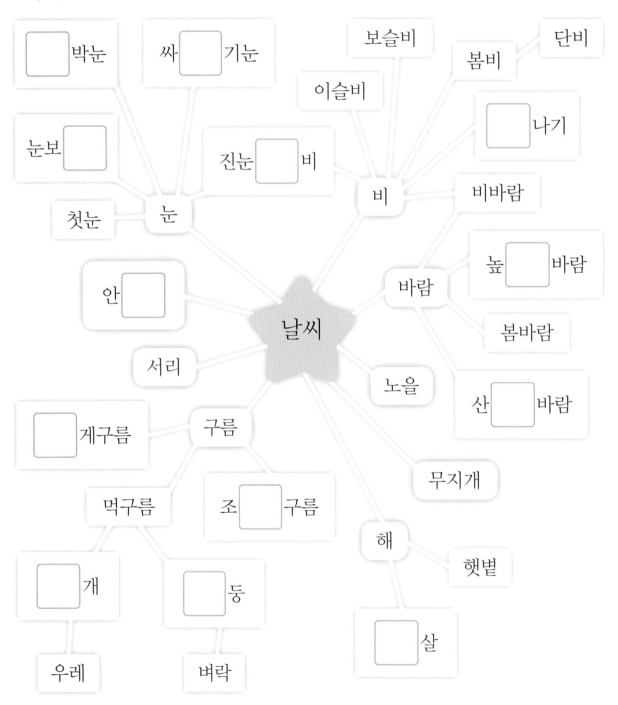

여덟째 주

어떻게 8

다른 말의 뜻을 분명하게 해 주는
'어떻게' 낱말을 가지고 부엉이
요괴들이 심통을 부리고
있습니다. 요괴들에게서
낱말을 되찾아 옵시다.

낌새의 장난

낌새가 어떻게 낱말들을 알아보지 못하게 장난을 쳐 놓았어요.
낱말들이 본래의 모습으로 돌아갈 수 있도록
여러분이 도와주세요.

하나, 한 글자 어떻게 낱말   어떻게 낱말 회상하기

낌새가 세 글자로 된 낱말들을 늘어놓았는데, 글자 중에 한 글자로 된 어떻게 낱말이 들어 있답니다. 낌새가 숨겨 놓은 것이지요. 낌새가 자기도 잊어 버릴까 봐 덧붙여 놓은 뜻풀이를 살펴보고, '어떻게'를 나타내는 한 글자 낱말을 찾아서 ◯표 하세요

또순이	말미잘	좀벌레
그에 더해	좋고 알맞게 올바르게	조금

즉흥시	갓김치	뚝배기
다시 말하면	이제 막	아주 급하게 그치는 모양

더듬이	참기름	
그 위에 보태	정말로, 아주, 매우	

더 높이의 '더', 참 좋다의 '참'처럼
'어떻게' 낱말은 다른 낱말을 꾸미거나 돋보이게 해.

둘, 두 글자 어떻게 낱말 어떻게 낱말 회상하기

낌새가 '어떻게'를 나타내는 낱말 가운데 '로'로 끝나는 낱말을 숨기고, 어떤 낱말인지 맞춰 보라고 합니다. 낌새가 중얼대는 말을 살펴보고 알맞은 글자를 **보기** 에서 찾아 써 보세요.

보기							
홀	바	서	따	때	별	절	

숨기지 말고 거짓 없이 있는 그대로 말해라. ▶ 바 로

우리 언제까지나 너와 내가 함께 친하게 지내자. ▶ 로

나에게도 계획이 보통의 것과 다르게 특별히 있다. ▶ 로

모두 떠나고 철수 자기 혼자만 남았다. ▶ 로

이따금 한 번씩 지각을 한 적은 있지요. ▶ 로

아이고, 한숨이 나도 모르게 자연스럽게 나온다. ▶ 로

할 말이 그다지, 보통과는 다를 게 없구나. ▶ 로

셋, 뒤죽박죽 어떻게 낱말 어떻게 낱말 알기

낌새가 글 가운데 '어떻게'를 나타내는 낱말을 잡아다 알아보지 못하게 마구 뒤섞어 놓았습니다. 뒤죽박죽 낱말을 정리해서 알맞은 '어떻게' 낱말을 써 보세요.

동생이 코한사 친구 집에 가겠다고 한다. 　한　사　코

우리는 처모럼 교외로 나들이를 갔다. 　□　□　□

로지오 너만 믿는다, 알았지! 　□　□　□

약을 잘못 먹으면 어리도 병이 된다. 　□　□　□

이걸 먹느니 라리차 안 먹는 게 낫겠다. 　□　□　□

현상금이 그자치마 삼천만 원이래. 　□　□　□　□

밤새 앓던 강아지가 가스로까 잠들었다. 　□　□　□　□

험한 고개를 군더다나 짐을 지고 간다. 　□　□　□　□

언니의 방은 야말그로 난장판이었어. 　□　□　□　□

모양새의 심술

모양새가 낱말들이 어울려 새로운 낱말이 되는 걸 방해하고 있어요. 낱말들이 제자리를 찾아 새 낱말이 될 수 있도록 여러분이 도와주세요.

하나, 낱말 성형수술 낱말의 형태 알기

모양새가 '어떻게' 낱말 몇몇을 잡아다 몹쓸 짓을 해 놓았습니다. 본래 모습을 알아보지 못하게 아주 묘하게 고쳐 놓았습니다. 언뜻 보면 그럴듯하지만 어딘가 분명히 엉터리입니다. 낱말을 원래대로 고쳐서 써 보세요.

구태어	으레	일부로
일부러 애써	틀림없이 언제나	알면서도 마음을 숨기고

구 태 여

아무조록		불이나케
될 수 있는 대로		서둘러서 아주 급히

있다금	싫것	꺼꾸로
얼마쯤씩 있다가 가끔	마음에 하고 싶은 대로	차례나 방향이 반대가 되게

둘, 낱말 압축파일 낱말의 형태 알기

모양새가 '어떻게' 낱말들을 줄여 놓았습니다. 원래 모습을 알아보지 못할 정도입니다. 모양새가 줄여 놓은 말을 살펴보고 알맞은 글자를 써넣어 원래 모습으로 되돌려 보세요.

갖가지

가 **지** 가지

언젠가

언제 □ 가

골고루

□ 루고루

좀

조 □

절로

저 □ 로

엊그제

어제 □ □ 께

막

마 □

이따

이 □ 가

셋, 둘이서 하나 낱말의 형태 알기

모양새가 '어떻게' 낱말 가운데 두 낱말이 어울려 한 낱말이 된 것을 골라 다시 뚝 떼어 놓았습니다. 다행히 두 글자는 줄로 연결이 되어 있습니다. 나머지 한 글자를 연결해 알맞은 낱말을 완성해 보세요.

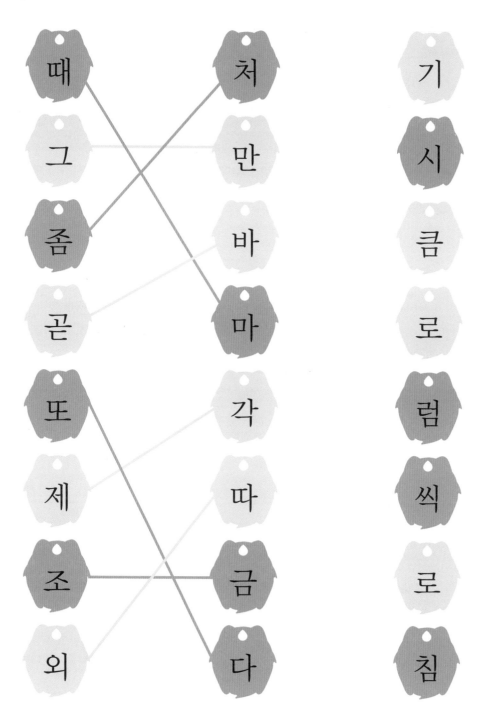

말본새의 훼방

말본새가 낱말들이 갖고 있는 뜻을 알지 못하게 훼방을 놓고 있어요. 낱말들이 제 역할을 할 수 있도록 도와주세요.

하나, 비슷 무리   유의 관계의 낱말 알기

말본새가 '어떻게' 낱말 가운데 그 뜻이 비슷한 것들을 넷씩 무리지어 두었습니다. 그런데 넷 중에 하나는 나머지 셋과는 뜻이 다릅니다. 다른 한 녀석을 찾아내 ◯표 하세요.

미리	이미
아주	먼저

 '어떤 일이 생기기 전에'란 뜻이 아닌 낱말은?

오로지	자주
다만	오직

별로	그다지
별반	다소

 '과히 다르지'란 뜻이 아닌 낱말은?

썩	반드시
기필코	꼭

그제야	드디어
비로소	미처

 '어떤 일이 일어나기 시작함'이란 뜻이 아닌 낱말은?

진짜	정말
과연	무척

너무	아주
쑥	매우

끝내	마침내
드디어	너무

다소	약간
두루	조금

 '얼마 되지 않은 양'이란 뜻이 아닌 낱말은?

둘, 이러쿵저러쿵 반의 관계의 낱말 알기

말본새가 '어떻게' 낱말들을 둘씩 잡아다가 이러쿵저러쿵 떠들어대는 말 속에 감춰 두었습니다. 다행히 낱말 하나는 찾았는데 다른 낱말은 아직 못 찾았습니다. 그런데 감춘 두 낱말은 서로 뜻이 반대라고 합니다. 반대인 낱말을 찾아 ◯표 하세요.

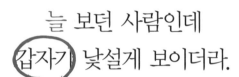

늘 보던 사람인데
갑자기 낯설게 보이더라.

가끔 들렀는데 이제부터
자주 와야겠습니다.

진실을 모두 아는 이라고는
오직 너뿐이다.

혼자 먹지 말고
서로 나눠 먹어야 친구지.

액자를 비뚜로 걸면
어떡하니? 똑바로 걸어라.

벌써 끝난 거야? 난 아직
시작도 안했는데, 어쩌나.

오래 입은 옷인데도 금방
산 것 같지 않니, 그렇지?

셋, 말 속에 말 낱말의 중심적 의미 알기

말본새가 말을 중얼거리면서, 빨간 글씨와 같은 뜻의 '어떻게' 낱말을 알아내 보라네요. '어떻게' 낱말은 두 글자인데, 말본새가 중얼거리는 말 속에 같은 글자가 숨어 있대요. 두 글자를 찾아 써 보세요.

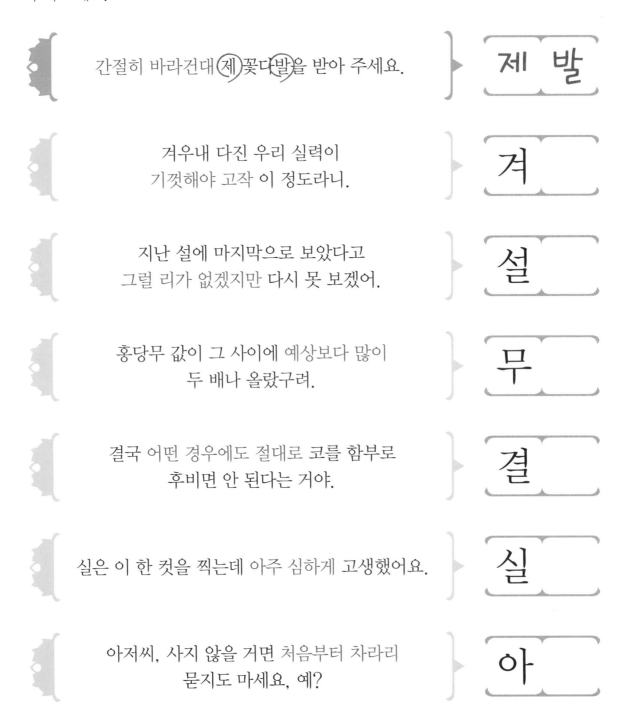

간절히 바라건대 (제)꽃다(발)을 받아 주세요. ▶ 제 발

겨우내 다진 우리 실력이
기껏해야 고작 이 정도라니. ▶ 겨 □

지난 설에 마지막으로 보았다고
그럴 리가 없겠지만 다시 못 보겠어. ▶ 설 □

홍당무 값이 그 사이에 예상보다 많이
두 배나 올랐구려. ▶ 무 □

결국 어떤 경우에도 절대로 코를 함부로
후비면 안 된다는 거야. ▶ 결 □

실은 이 한 컷을 찍는데 아주 심하게 고생했어요. ▶ 실 □

아저씨, 사지 않을 거면 처음부터 차라리
묻지도 마세요, 예? ▶ 아 □

넷째 날 말본새의 심술

말본새가 낱말들의 쓰임새를 알지 못하게 심술을 부리고 있어요. 낱말들이 쓰임새에 따라 제 역할을 할 수 있도록 도와주세요.

하나, 어색한 사이 낱말의 중심적 의미 알기

말본새가 '어떻게' 낱말을 셋씩 한데 묶어 놓았습니다. 그런데 모두 뜻과 모양이 비슷한 것이라고 의기양양해서 떠들어대네요. 묶음마다 빈칸에 들어갈 글자는 같습니다. 알맞은 글자를 보기에서 찾아 써 보세요.

보기: 곧 코 욱 대 껏 차

곧이
곧장
곧바로

□충
□강
□개

□차
□츰
점□

더더□
더□더
더□이

여태□
아직□
이제□

기필□
기어□
한사□

둘, 낱말 족보 낱말의 중심적 의미 알기

말본새가 '어떻게' 낱말이 어디서 비롯되었는지 알아보고는 몰래 정리해 두었습니다. 낱말의 족보 같은 것이지요. 그런데 행여나 비밀이 샐까 봐 군데군데 지워 놓았네요. 빈칸에 알맞은 글자를 써서 낱말 족보를 완성해 보세요.

셋, 겉 다르고 속 다른 말 낱말의 관용적 의미 알기

말본새가 말버릇처럼 쓰는 말을 훔쳐서 장난질을 하고 있습니다. 안 그래도 겉과 속이 다른 말인데 겉모습을 더 헷갈리게 만들고 있네요. 말본새가 하는 말을 보면서 원래 말을 찾아 ✔표 하세요.

이미 벌어진 일에서 더 나아간다는 거야.

- ☐ 한술 더 뜬다.
- ☐ 한술 덜 뜬다.
- ☐ 한술 막 뜬다.

수단이나 방법이야 어찌 되었든 목적만 이루면 된다구.

- ☐ 서로 가도 서울만 가면 된다.
- ☐ 모로 가도 서울만 가면 된다.
- ☐ 도로 가도 서울만 가면 된다.

그럴 리가 없다고 마음을 놓거나 행운을 바라다가 탈이 난다.

- ☐ 설마가 사람 잡는다.
- ☐ 엄마가 사람 잡는다.
- ☐ 명마가 사람 잡는다.

일이 본래 생각대로 되었지. 내 짐작이 옳았지롱!

- ☐ 그래서 그렇지.
- ☐ 그러면 그렇지.
- ☐ 그리고 그렇지.

급하다 해도 꼭 갖춰야 할 것은 갖춰야 일을 할 수 있다는 거지.

- ☐ 차라리 바빠도 바늘허리 매어 못 쓴다.
- ☐ 어차피 바빠도 바늘허리 매어 못 쓴다.
- ☐ 아무리 바빠도 바늘허리 매어 못 쓴다.

북새의 심통

북새가 지금까지 배운 낱말들을 알아볼 수 없도록 숨기거나 엉뚱하게 만들고 있어요. 북새의 심통에 낱말들이 도망가지 않도록 여러분이 지켜 주세요.

하나. 코꼬리 코끼리 어떻게 어휘 알기

북새가 '어떻게' 낱말 가운데 '코'로 끝나는 낱말을 훔쳐다 코끼리에게 붙여 놓았습니다. 그래서 코끼리들이 알쏭달쏭한 콧소리를 내고 있는데요. 콧소리를 잘 들으면 북새가 붙인 낱말을 알 수 있습니다. 빈칸에 써 보세요.

어떤 경우에도 절대로 안 되는 코래.

결 단 코

아무 말도 못하고 가만히 있게 되는 코래.

잠 □ 코

죽을 각오로 기를 쓰는 코라는데.

결 □ 코

뭐든 틀림없이 꼭 반드시 하는 코래.

기 □ 코

둘, 북새 중국집 주소 어떻게 어휘 알기

북새가 '어떻게' 낱말 가운데 몇몇을 몰래 빼내 어떤 중국 음식점에다 숨겨 놓았답니다. 훔쳐간 낱말이 바로 음식점 주소가 된다고 합니다. 빈칸에 알맞은 말을 찾아 써서 중국집 주소를 알아 내 봅시다.

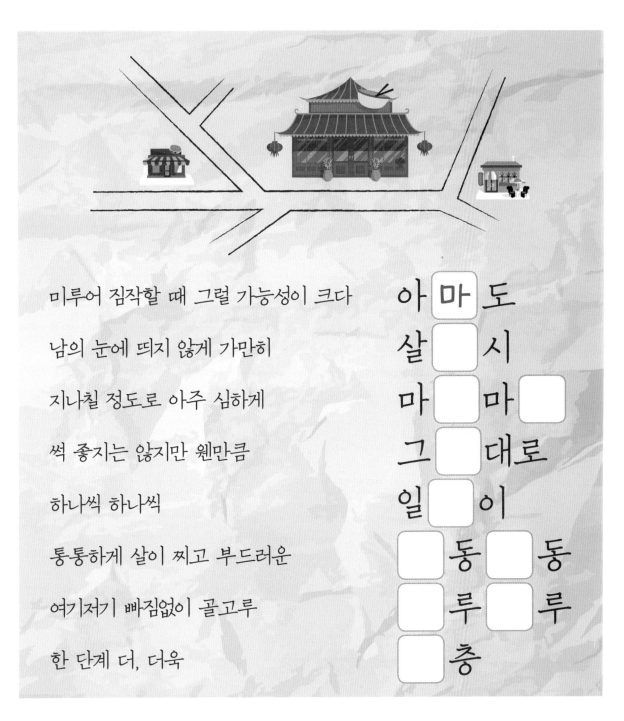

미루어 짐작할 때 그럴 가능성이 크다 　　아 **마** 도

남의 눈에 띄지 않게 가만히 　　살 □ 시

지나칠 정도로 아주 심하게 　　마 □ 마 □

썩 좋지는 않지만 웬만큼 　　그 □ 대로

하나씩 하나씩 　　일 □ 이

통통하게 살이 찌고 부드러운 　　□ 동 □ 동

여기저기 빠짐없이 골고루 　　□ 루 □ 루

한 단계 더, 더욱 　　□ 층

셋, 어떻게 낱말 지도 어떻게 어휘 알기

'어떻게'를 나타내는 낱말들이 이어지는 지도입니다. '어떻게'에 대한 생각을 할 수 없도록 북새가 군데군데 지워 놓았습니다. 낱말 이음새를 살펴보고, 빈칸에 알맞은 글자를 써서 지도를 완성해 보세요.

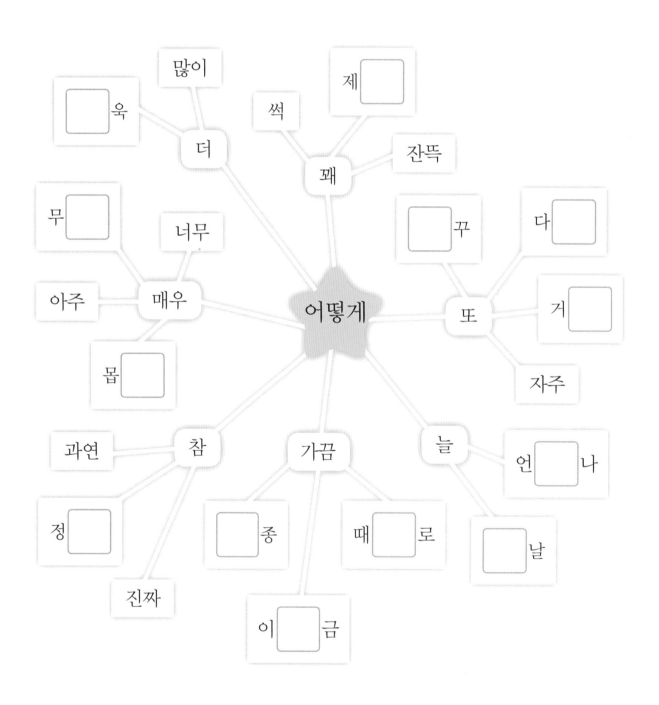

정답 및 풀이

본문 속 어려운 낱말을 풀어주는 낱말 풀이

알쏭달쏭한 속담과 관용구의 유래를 알려주는 속담·관용구 풀이

엄마가 설명하면 좋은 공부 팁 맘's 팁

첫째 날

12쪽

하나, 아홉 열여덟 스물 서른
마흔 쉰넷 일곱 일흔 여든

13쪽

오이 천사 백조 오만
사공 공구 팔팔 구구

맘's tip | 숫자 단위는

일(1), 십(10), 백(100), 천(1000), 만(10000) 억(만의 만 배), 조(억의 만 배), 경(조의 만 배), 해(경의 만 배) 등으로 커집니다.

14쪽

속임수

| 낱말 풀이 |

· 개수는 한 개씩 낱으로 셀 수 있는 물건의 숫자입니다. (예: 개수를 세다)
· 촌수는 친척 사이에 멀고 가까운 관계를 나타내는 수입니다.
· 호수는 집합 주택(아파트, 빌라 등)의 가호(家戶)를 구분하는 수입니다. (예: 나는 208호라는 호수가 찍힌 팻말 앞에 한참 서 있었다)
· 도수는 온도, 각도, 농도 따위의 크기나 높낮이의 정도를 나타내는 수입니다. (예: 형은 눈이 많이 나빠서 도수가 높은 안경을 쓴다)
· 치수는 주로 옷의 길이나 크기를 나타내는 수치입니다. 주로 옷의 크기를 말하지요.

둘째 날

15쪽

스물 서른 마흔
쉰 예순

일흔 여든 아흔

16쪽

숫자 횟수 개수
셋째 넷째
가짓수 마릿수 구굿셈

맘's tip | 사잇시옷 안 헷갈리기

· 한자어와 한자어가 결합할 때 사이시옷을 쓰지 않습니다. 예외적으로 사이시옷을 써야 하는 낱말은 곳간, 셋방, 숫자, 횟수, 툇간, 찻간 딱 6개랍니다.
· 셋째와 넷째의 '셋', '넷'은 숫자입니다. 'ㅅ'은 사이시옷이 아니라 받침입니다.
· 고유어와 한자어가 결합할 때 된소리(경음)가 나면 사이시옷을 씁니다. 가지+수(數)[가지쑤], 구구(九九)+셈[구구쎔]처럼요.

17쪽

일주일 이층집 삼촌
사방 오대양
육각형 칠면조
팔각정 구구단 십자가

| 낱말 풀이 |

· 오대양은 지구를 둘러싸고 있는 다섯 대양 즉 태평양, 대서양, 인도양, 남극해, 북극해를 이릅니다.
· 칠면조는 크고 붉은 벼슬이 늘어지고 날지 못하는 큰 새입니다. 고기를 먹기 위해 주로 미국에서 기릅니다.

칠면조

· 팔각정은 지붕을 여덟모가 되도록 지은 정자입니다.

팔각정

셋째 날

18쪽

한둘 서넛 네댓 대여섯 예닐곱

맘's tip | 너, 넉, 네의 차이는?

모두 넷(4)의 뜻인, 꾸미는 말입니다.
너: 주로 '돈, 말, 푼' 등의 세는 말을 꾸밉니다. (예: 쌀 너 말/너 돈/너 푼)
넉: '냥, 단, 달, 되, 섬, 자루, 잔, 장, 짐' 등의 세는 말을 꾸밉니다. (예: 넉 달/종이 넉 장/쌀 넉 섬)
네: 주로 '다발, 대, 마리, 방, 번, 벌, 사람, 살, 시간, 켤레' 등의 세는 말을 꾸밉니다. (예: 고등어 네 마리/신발 네 켤레)

19쪽

치수 말수 쪽수 촌수
점수 재수 산수

| 낱말 풀이 |

· 말수는 남과 같이 있을 때 말하는 횟수입니다.

20쪽

하나 만일 천만 백 아홉

| 낱말 풀이 |

· 만일(萬一)은 만(10000)에 하나(1), 혹시 있을지도 모르는 뜻밖의 경우를 말합니다. 만약과 비슷한 뜻이지요. (예: 만일의 경우를 대비하여 비상약을 챙기다)
· 빈둥빈둥은 별로 하는 일 없이 게으른 모양입니다.
· 헤프다는 낭비하는 버릇이 있다는 말입니다.
· 구두쇠는 돈이나 재물을 몹시 아끼는 사람을 말합니다.
· 꼬리가 아홉 달린 여우는 사람을 잘 홀린다는 옛이야기 속의 여우입니다.

첫째 날

21쪽

한 둘 세 넷 여러

나누다 – 가르다, 구분하다
더하다 – 보태다, 합하다
셈하다 – 계산하다, 헤아리다
많다 – 수없다, 무수하다
빼다 – 덜다, 떼다

하나 가득
둘도 없는
하루 밥 세 끼 먹듯
미운 일곱 살
열에 아홉
천만의 말씀

| 낱말 풀이 |

• 쇠고집은 몹시 센 고집. 또는 그런 고집이 있는 사람을 뜻합니다.

| 속담·관용구 풀이 |

• **천만의 말(말씀):** 남의 칭찬이나 사례에 대하여 사양할 때 당찮음을 이르는 말입니다. (예: 천만의 말씀이십니다. 제가 한 일은 아무것도 없습니다) 또는 남의 주장에 대하여 부정할 때 하는 말이기도 합니다. (예: 그가 배신을 했다고? 천만의 말을 다 듣겠구나)

다섯째 날

쉰 스물 서른 아흔 예순
마흔 일흔 여든 백

스물 마흔 쉰
한둘 여덟
두세[두셋] 예닐곱
두서너 네댓

둘이 먹다 – 하나가 죽어도 모른다

열 번 찍어 – 안 넘어가는 나무 없다
세 살 버릇 – 여든까지 간다
천 리 길도 – 한 걸음부터
하나만 알고 – 둘은 몰라
백 번 듣는 것이 – 한 번 보는 것만 못하다
다섯 손가락 깨물어 – 안 아픈 손가락 없다

| 속담·관용구 풀이 |

• **둘이 먹다 하나(가) 죽어도 모르겠다:** 음식이 아주 맛있음을 이르는 말입니다. '셋이 먹다가 둘이 죽어도 모른다'고도 하지요.
• **열 번 찍어 안(아니) 넘어가는 나무 없다:** 아무리 뜻이 굳은 사람이라도 여러 번 유혹하거나 권유하면 결국은 마음이 변하게 된다는 뜻입니다.
• **천 리 길도 한 걸음부터:** 무슨 일이든지 그 시작이 중요하다는 말입니다.
• **백 번 듣는 것이 한 번 보는 것만 못하다:** 듣기만 하는 것보다는 직접 보는 것이 확실하다는 말입니다. 백문이 불여일견이라고도 하지요.
• **다섯 손가락 깨물어 안 아픈 손가락 없다:** 부모 마음에 자식은 모두 다 귀하고 소중하다는 뜻이지요.

맘's tip | '한번'과 '한 번'은 달라요!

한번은 어떤 일을 시험 삼아 함, 미래 또는 과거의 어느 때를 나타냅니다. (예: 야 이거 한번 먹어 봐 / 시간 날 때 한번 놀러 오세요)
한 번은 단순히 '1회'의 뜻입니다. (예: 그 사람을 본 건 딱 한 번이다)

둘째 주 마음

첫째 날

맘's tip | 정답은 여러 개!

표정을 하나만 그려도, 여러 개 그려도 모두 정답입니다.

화나다
고맙다
미안하다
급하다
놀랍다
즐겁다
반갑다
부끄럽다
슬프다
무섭다

친절하다 초조하다
산뜻하다 불안하다
거북하다 성가시다
겸손하다 고달프다
고약하다 귀찮다
알뜰하다 섬뜩하다
잔잔하다 감사하다

| 낱말 풀이 |

• 초조하다는 매우 불안하거나 궁금해 마음을 졸이는 것입니다.
• 산뜻하다는 깨끗하고 시원하다는 말입니다.
• 거북하다는 자연스럽지 못하고 어색하다는 말입니다.
• 성가시다는 거듭하여 조금씩 괴롭혀서 귀찮고 불편하다는 말입니다.
• 고달프다는 몸이나 처지가 몹시 고단하다는 말입니다.
• 고약하다는 마음씨나 행동이 아주 못되다는 말입니다. (새로 들어온 왕비는 마음씨가 고약해서 왕자와 공주를 아주 미워했습니다)
• 섬뜩하다는 갑자기 소름이 끼치도록 끔찍하고 무섭다는 말입니다.
• 잔잔하다는 표정, 태도, 소리 따위가 침착하고 조용하는 뜻입니다. (예: 선미는 잔잔한 웃음을 머금었다)

31쪽

대단찮다　편찮다　만만찮다
시원찮다　심심찮다

| 낱말 풀이 |

- 대단찮다는 그리 중요치 않다는 말입니다.
- 편찮다는 몸이나 마음이 거북하거나 좋지 않다 혹은 몸에 병이 들었다는 뜻입니다. (예: 우리는 편찮으신 선생님께 문병을 갔다)
- 만만찮다는 대하거나 다루기에 손쉽지 않고 어렵다는 말입니다. (예: 우습게 봤던 옆 학교 축구팀이 만만찮은 실력을 보였다)
- 시원찮다는 기대만큼 만족스럽지 않다. 혹은 몸이나 마음이 좀 건강하지 않다는 뜻이지요. (예: 일이 영 시원치 않다)
- 심심찮다는 드물지 않고 꽤 잦다는 말입니다. (예: 그 건물 근처에 가면 한류 스타의 팬들을 심심찮게 만날 수 있다)

32쪽

힘겹다　　조심스럽다　　새롭다
눈물겹다　　외롭다　　　쑥스럽다
해롭다　　짜증스럽다　　정겹다

| 낱말 풀이 |

- 힘겹다는 견디기 어려울 만큼 힘이 필요하다는 말입니다. (예: 간난이는 무거운 배낭을 힘겹게 들었다)
- 쑥스럽다는 처지가 어울리지 않아 어색하고 멋쩍다는 말입니다. (예: 나는 쑥스러워서 고개를 들 수가 없었다)

맘's tip | ─롭다, ─스럽다, 겹다

─롭다, ─스럽다는 다른 낱말에 붙어 그것의 성질이 충분히 있다는 뜻을 만드는 접사입니다. 겹다는 어떤 느낌이 거세게 일어나 억누를 수 없다는 뜻을 만드는 형용사지요.

33쪽

찌릿찌릿, 뜨끔뜨끔
뒤숭숭, 싱숭생숭

조마조마, 안절부절
부글부글, 울컥울컥
섬뜩섬뜩, 오싹오싹
울렁울렁, 콩닥콩닥

34쪽

심심　답답　섭섭　뻔뻔　쓸쓸

35쪽

무겁다　　가볍다
시끄럽다　시원하다
어렵다　　아득하다

36쪽

반갑다 부럽다　뿔나다　아쉽다
분하다 서운하다 흐뭇하다 부끄럽다

| 낱말 풀이 |

- 언짢다는 (무엇이 마음에 들지 않아) 화가 나고 기분이 좋지 않다는 말입니다. (예: 나는 민수와 싸워서 기분이 언짢았다)
- 흐뭇하다는 마음에 들어 기분이 좋다는 말입니다. (예: 토끼가 살아난 것을 보고 우리도 마음이 흐뭇했다)
- 서글프다는 슬프고 섭섭하다는 말입니다.

37쪽

서먹해　　어색해
울적해　　쓸쓸해
홀가분해　경쾌해
섭섭해　　서운해
이상해　　야릇해
딱해　　　가련해
억울해　　원통해

| 낱말 풀이 |

- 서먹하다는 무엇이 낯익지 않아 어색하다는 말입니다.

- 머쓱하다는 무안을 당하거나 기가 죽어 어색하다는 말입니다. (예: 선주는 아버지의 꾸중에 머쓱해서 입을 다물었다)
- 어색하다는 어떤 경우나 환경에 잘 어울리지 않다. 불편한 느낌이 있다는 말입니다. (예: 난 낯선 사람을 만나면 어색해서 말을 못해)
- 울적하다는 기분이나 느낌이 답답하고 쓸쓸하다는 말입니다. (예: 나는 울적한 마음을 달래려고 밖으로 나갔다)
- 우울하다는 근심으로 마음이 답답해서 조금도 즐겁지 않다는 말입니다.
- 홀가분하다는 거추장스럽지 않고 가볍고 편안하다는 말입니다.
- 가뿐하다는 마음에 부담이 없이 가볍고 편안하다는 말입니다.
- 서운하다는 생각했던 만큼 되지 않아 기분이 조금 나쁘다는 말입니다. (예: 친구들이 나만 빼고 놀러 가서 너무 서운했다)
- 애틋하다는 섭섭하고 안타까워 애가 타는 듯하다는 말입니다.
- 야릇하다는 무엇이라고 표현하기 어렵게 이상하고 묘하다는 말입니다. (예: 선주는 야릇한 기분이 들었다)
- 의아하다는 뜻밖이어서 놀랍고 이상하다는 생각이 든다는 말입니다. (예: 현수는 선생님의 말씀에 의아한 표정을 지었다)
- 딱하다, 가련하다는 가엾고 불쌍하다는 말입니다.
- 원통하다는 분하고 억울하다는 말입니다.

38쪽

따분한　　거북해서　　편안할
부끄럽다　서럽다　　　속상해

| 낱말 풀이 |

- 따분하다는 재미가 없어 지루하고 답답하다는 말입니다.
- 거북하다는 자연스럽지 못하고 어색하다는 말입니다.
- 서럽다는 마음이 아프고 슬프다는 말입니다.

39쪽

켕기다　아깝다　급하다
조마조마하다　　서럽다

40쪽

아쉽다　　성가시다　　어이없다
서럽다　　겸손하다　　불안하다
속상하다　　　　　　답답하다

| 낱말 풀이 |
• 아쉽다는 필요할 때 없거나 모자라서 안타깝고 만족스럽지 못하다는 말입니다.
• 어이없다는 어처구니없다 즉 일이 너무 뜻밖이어서 기가 막히는 듯하다는 말입니다.

41쪽

죄송하다　　쓸쓸하다
슬프다　　화나다
수줍다　　창피하다　　감사하다
쑥스럽다

42쪽

마음가짐　마음껏　마음대로
마음먹다　마음씨　마음고생

셋째 주 시간

44쪽

미래　과거

| 낱말 풀이 |
• 방금은 말하고 있는 때보다 바로 조금 전에, 말하고 있는 순간과 같은 때입니다.
• 이제는 바로 이때입니다.
• 지금은 말하고 있는 바로 이때입니다
• 훗날은 시간이 지난 뒤에 올 날입니다. (예: 이 소년이 훗날 세종대왕이 된다)
• 뒷날은 앞으로 다가올 날입니다. (예: 우리는 뒷날을 약속하고 헤어졌다) 훗날과 비슷한 말입니다.

• 앞날은 앞으로 살아가거나 다가올 날입니다. (예: 환경 문제는 우리 모두의 앞날을 위협한다)
• 예전은 꽤 오래 전, 지난날을 말합니다.(예: 우리 예전처럼 친하게 지내자)

45쪽

오전, 오후
새벽, 아침, 저녁
하루, 이틀, 사흘, 나흘, 닷새, 엿새, 이레, 여드레, 아흐레, 열흘
엊그제, 그제, 어제, 오늘, 내일, 모레, 글피, 그글피
삼일절, 제헌절, 광복절, 개천절, 한글날
봄, 여름, 가을, 겨울
월, 목, 토

46쪽

잠깐　　순간　　철
무렵　　며칠　　요즘
동안　　나절

| 낱말 풀이 |
• 순간은 아주 짧은 시간입니다.
• 철은 한 해를 봄, 여름, 가을, 겨울의 네 때로 나눈 그 중의 한 때입니다. 계절과 비슷한 말입니다.
• 무렵은 일이 일어나거나 벌어지는 시간의 앞뒤의 때입니다. (예: 해가 뜰 무렵)
• 며칠은 '그 달의 몇 째 되는 날'과 '몇 날 (동안)'의 두 가지 의미가 있습니다. '몇 일'은 틀린 말입니다.
• 나절은 낮의 어느 무렵이나 동안입니다.

47쪽

옛날　　작년　　이튿날
며칟날　　찰나　　말년

| 낱말 풀이 |
• 며칟날은 며칠의 본딧말입니다.
• 찰나는 어떤 일이나 사물 현상이 일어나는

바로 그때를 말합니다. (예: 내가 문을 열고 들어서려는 찰나, 아기가 울기 시작했다)
• 말년(末年)은 일생의 마지막 무렵을 뜻합니다. (예: 말년을 편안히 보내다)

48쪽

겨를　　사이　　언제인가
요즈음　　이따가　　엊그저께
오래간만　이만큼 된 때

| 낱말 풀이 |
• 겨를은 잠시 무엇을 할 시간이라는 말입니다. (예: 생각할 겨를도 없이 냅다 뛰었다)
• 언젠가, 언제인가는 이전의 어느 때에라는 뜻도 있고(예: 나는 언젠가 이런 이야기를 들었다) 혹은 미래의 어느 때에라는 뜻도 있지요.(예: 언젠가 다시 만나자)
• 요즘, 요즈음은 아주 가까운 과거에서 지금에 이른 사이를 뜻합니다. (예: 넌 요즘 어떻게 지내니?)
• 이따가, 이따는 (시간이) 조금 지난 뒤에라는 말입니다.(예: 나도 좀 이따가 거기로 갈 테니까 너희들 먼저 가 있어)
• 엊그제, 엊그저께는 바로 며칠 전이라는 말입니다. 어제 그저께가 준 말이지요.

49쪽

빨리빨리　잠깐잠깐　얼른얼른
하루하루　오래오래

50쪽

옛날, 과거　시간, 시각　아까, 금방
일, 날　다음날, 다음 날　잠깐, 순간

맘's tip | 일과 날-엇비슷한데 다른 말

일/날: '일(日)'은 한자어 수 뒤에 쓰입니다. '삼(三) 일 동안 계속 비가 내렸다.' 처럼요.
한편 '날'은 고유어 수 뒤에 쓰여 지구가 한 번 자전하는 동안을 세는 단위이지요. '어느 날, 마지막 날, 기분 좋은 날'처럼 쓰지요.
시간/시각: 시간은 어떤 시각에서 어떤 시각까지의 사이, 시각은 시간의 어느 한 시점이죠.
아까/금방: '아까'는 '조금 전에'의 뜻을, '금방'

은 '말하고 있는 시점보다 바로 조금 전에'(과거)의 뜻을 나타냅니다. '아까'보다는 '금방'이 말하는 시점에 더 가깝다고 할 수 있지요. 또한 금방은 말하고 있는 시점과 같은 때(현재), 또 말하고 있는 시점부터 바로 조금 후(미래)의 뜻도 있죠.

다음 날/다음날: 내일은 오늘의 바로 '다음' 날, '다음날'은 정해지지 않은 미래의 어떤 날이고요.

잠깐/순간: '잠깐'은 매우 짧은 동안에, '순간'은 어떤 일이 일어난 바로 그때라는 뜻입니다.

51쪽

아직 벌써 이미 나중 미처

맘's tip | 이미와 아직

이미, 벌써, 진작은 어떤 일이나 상태가 이루어졌을 때 씁니다. 아직은 어떤 일이나 상태가 이루어지지 않은 상태입니다.

아직, 미처, 여태는 어떤 일이 이루어지지 않은 상태입니다. 벌써는 예상보다 빠르게 혹은 이미 오래 전에라는 뜻으로 어떤 일이 진즉에 이루어졌음을 뜻하지요.

지금, 현재, 이제는 바로 지금이라는 뜻의 '막'과 어울려 방금 어떤 일이 이루어졌다는 뜻이 되지요. 이미는 다 끝났거나 지난 일을 가리킵니다.

일찍, 미리, 먼저는 어떤 일이나 시간에 앞서라는 뜻이고, 나중은 시간적으로 후에라는 뜻이지요.

갓, 막, 금방은 시간적으로 방금 전에 이루어졌을 때 쓰는 말이지요. 미처는 일이 되기를 기대했지만 시간이 아직 미치지 못했다. 일이 이루어지지 않았다는 뜻이랍니다.

52쪽

흐른다   편하다
된다   그립다
걸린다   가까워진다

넷째 날

53쪽

내용 올챙이 제일 운전
큰절 시합 전철

| 낱말 풀이 |

· 한철은 기운이 가장 성하거나 세찬 때입니다. (예: 해수욕장은 한여름이 한철이다)

· 제철은 동식물 또는 사물의 특성이나 기능이 가장 잘 드러나기에 알맞은 때입니다. (예: 제철 과일)

54쪽

세월 옛날 밤낮 밥때 만년 한밤

| 낱말 풀이 |

· 긴긴낮은 길고 긴 낮을 말합니다. 보통 낮이 긴 여름날의 낮을 이르지요.

· 만년은 아주 오랜 세월을 이르는 말입니다.

55쪽

장날 금 오늘 세월 하루 밤

| 속담·관용구 풀이 |

· 가는 날이 장날: 옛날에는 며칠에 한 번씩 장이 섰으니 아무 생각 없이 나간 날이 흔치 않은 장날이라면, 공교롭게도 뜻밖의 일을 만난 셈이죠.

다섯째 날

56쪽

월 화 수 목 금 토 일

57쪽

시계
시계는 새벽부터 멈칫멈칫
시계는 점심까지 주저주저
언제나 같은 소리 우물쭈물
느릿느릿 일해요
시계는 오후 돼도 띄엄띄엄[쉬엄쉬엄]
시계는 저녁 돼도 꾸물꾸물
모두들 바쁜데도 머뭇머뭇
쉬엄쉬엄[띄엄띄엄] 가지요

| 낱말 풀이 |

· 멈칫멈칫은 하던 일이나 동작을 여럿이 다 갑자기 멈추거나 자꾸 멈추는 모양입니다.

· 주저주저는 매우 머뭇거리며 망설이는 모양입니다.

· 머뭇머뭇은 말이나 행동 따위를 결정해 선뜻

행하지 못하고 자꾸 망설이는 모양입니다.

· 띄엄띄엄은 거듭되는 간격이 짧지 않고 긴 모양을 뜻합니다. (예: 띄엄띄엄 말하다)

58쪽

오후
저녁
올해
순간 내년
금방
옛날 앞날[훗날]

넷째 주 정도

첫째 날

60~61쪽

빠르기 높, 높 밝, 두 넓이 가는
얕은 세기 크, 작 두께 른, 굳

62쪽

속도   온도   농도
명도   채도
강도   고도

| 낱말 풀이 |

· 농도는 기체나 액체에 들어 있는 어떤 성분의 비율입니다.

· 명도는 색깔의 밝고 어두운 정도를 말합니다. (예: 노랑은 명도가 높다)

· 채도는 빛깔의 분명한 정도로 유채색에만 있으며, 회색을 섞을수록 낮아집니다.

① 채도가 높은 빨간색 ② 채도가 낮은 빨간색
③ 채도가 아주 낮아지면 회색이 된다

· 강도는 센 정도입니다. (예: 강도 높은 훈련)

· 고도는 수평선으로부터 재는 높이입니다.

63쪽

멀찍하다　굵직하다　널찍하다
큼직하다　길찍하다
얄찍하다　묵직하다　높직하다

맘's tip │ 직하다와 찍하다

직하다, 찍하다는 몇몇 형용사 뒤에 붙어 '좀 또는 꽤 그러함'의 뜻을 더하는 접미사랍니다. 어간 마지막이 'ㄹ'일 경우 '찍하다'가 붙고(예: 높직하다/굵직하다/되직하다), 'ㄹ'이 아닐 경우 '직하다'가 붙지요. (예: 길찍하다/널찍하다/멀찍하다)

64쪽

크나크다　좁디좁다
머나멀다　깊디깊다
기나길다　넓디넓다

65쪽

떠덧하다　쬐그맣다　사늘하다　꼬칠하다

맘's tip │ 쪼끄만 팁 하나

따뜻하다, 따듯하다, 뜨듯하다 순으로 어감이 강해지지요. 모두 덥지 않을 정도로 온도가 높다는 말입니다.
자그맣다, 조그맣다, 쪼끄맣다는 조금 작다는 뜻이지요. 쬐그맣다는 잘못된 표기입니다.
싸늘하다, 서늘하다, 써늘하다는 모두 물체의 온도나 기온이 찬 기운이 있다는 말입니다.
거칠하다, 꺼칠하다, 까칠하다는 살이나 털이 여위고 윤기가 없다는 말입니다.

66쪽

빠르다　높다　길다　많다
어둡다　맑다　차갑다　가볍다

67쪽

찬　　　이른　　　두꺼운
뜨거운　얇은　　　잘게

│ 낱말 풀이 │

• 차다는 물체에 사람의 몸이 닿았을 때 얼음과 같은 느낌이 있는 것을 뜻합니다. '날씨가 차다'고 할 때에는 바람의 온도를 몸으로 느끼고 말하는 것이지요. (찬 음식) 춥다는 사람이 몸속으로 찬 기운을 느끼는 것을 뜻합니다. (추운 겨울밤)

• 빠르다는 움직이는 속도가 보통 정도보다 큰 것을 뜻합니다.
이르다는 어떤 시각이 정해진 시각이나 알맞은 시각보다 앞선 상태에 있는 것입니다. (예: 여느 때보다 이르게 학교에 갔다)

• 두껍다는 넓이를 가진 물체의 두께가 보통 정도를 넘는다는 뜻이지요. (예: 두꺼운 책) 두텁다는 사람과 사람 사이의 관계에서 인정이나 사랑이 많은 것을 가리킵니다. (예: 두터운 우정)

• 뜨겁다는 (살을 대거나 가까이할 수 없을 정도로) 열이 몹시 높다는 뜻도 있고(예: 국이 너무 뜨겁다), (감정이) 매우 진실하고 열렬하다는 뜻도 있습니다.(예: 극이 끝나자 뜨거운 박수가 쏟아졌다)
따갑다는 살갗이 따끔거릴 정도로 덥다는 뜻도 있고(예: 햇볕이 따갑다) 살을 바늘 따위로 찌르듯이 아프다는 뜻도 있지요. (예: 물집이 터지자 몹시 따가웠다)

• 옅다는 (빛깔이나 농도가) 연하거나 묽다는 뜻입니다.
얕다는 표면에서 밑바닥까지의 길이가 짧다는 말입니다. (예: 강물이 무릎에 닿을 정도로 얕다)

• 잘다는 같은 물체가 여럿이 있는 가운데 낱개의 크기가 보통 정도에 이르지 못한 상태에 있는 것입니다.
작다는 물체의 길이, 넓이, 부피, 무게 등의 크기가 보통 정도에 이르지 못한 상태에 있는 것을 뜻합니다. 반드시 여러 개가 한데 있어야 하는 것은 아닙니다.

68쪽

가뿐하다　두툼하다　덥다
여리다　　둔하다
나직하다　널찍하다　짤막하다

맘's tip │ 낱말 한꺼번에 살펴보기

무겁다, 묵직하다, 듬직하다는 물건이나 모습, 성격이 무게가 있다는 말입니다. 가뿐하다는 물건

이나 일이 무겁다고 느껴지지 않을 만큼 가볍다는 말이지요.
가늘다, 가느다랗다는 둘레가 작으면서 길다란 모습. 가냘프다는 (몸이) 가늘고 약하다는 말입니다. 두툼하다는 꽤 두껍다는 말입니다. (예: 날씨가 추우니 옷을 두툼하게 입고 나가라)
여리다는 단단하거나 질기지 않고 약하다는 뜻도 있고(예: 여린 잎사귀) 마음이나 감정이 약하고 아주 부드럽다는 뜻도 있습니다. (예: 현주는 마음이 여렸다)
잽싸다는 눈치와 동작이, 날쌔다는 움직임이 매우 빠르다는 말입니다. 둔하다는 움직임이 느리고 무겁다는 뜻입니다. (예: 난 옷을 많이 껴입어서 움직임이 아주 둔했다)
높다, 드높다, 높다랗다는 높이가 상당함을 뜻하고, 나직하다는 높이가 조금 낮은 것을 말합니다.
좁다, 좁다랗다, 좁디좁다는 꽤 좁다는 뜻이고, 널찍하다는 꽤 너르다는 말입니다.
길쭉하다, 기다랗다는 길이가 꽤 길다는 말이고, 짤막하다는 조금 짧은 듯하다는 말입니다. (예: 짤막한 편지)

69쪽

길다　　사뿐하다　진하다
무덥다　널찍하다　강하다

│ 낱말 풀이 │

• 머나멀다는 매우 멀다는 말입니다.

• 까마득하다는 아주 멀어서 아득하다는 말입니다. (예: 산봉우리가 저 멀리 까마득하니 보였다)

• 신속하다는 몹시 빠르다는 말입니다. (예: 요즘은 전세계 뉴스가 인터넷을 통해 신속하게 전달된다)

• 더디다는 (무엇을 하는 속도가) 느려서 걸리는 시간이 길다는 뜻입니다. (예: 걸음이 그리 더뎌서야 되겠니?)

• 느릿하다는 동작이 재지 못하고 느린 듯하다는 말입니다. (예: 나는 달팽이의 느릿한 움직임을 한참 동안 바라보았다)

• 큼직하다는 꽤 크다는 말입니다. (예: 오빠는 오른손에 큼직한 사마귀가 나 있다)

• 자그맣다는 조금 작은 듯하다는 말입니다. (예: 참새는 몸집이 자그맣다)

• 무덥다는 (날씨가) 찌는 듯 아주 덥다는

말입니다. (예: 뜨거운 햇빛이 내려쬐는 무더운 여름날 오후였습니다)
- 널찍하다는 꽤 넓다는 말입니다. (예: 집 뒤꼍에는 널찍한 텃밭이 있었다)
- 서늘하다는 조금 차거나 추운 기운이 있다는 말입니다.
- 깊숙하다는 위에서 밑바닥까지, 또는 겉에서 속까지의 거리가 멀고 으슥하다는 말입니다. (예: 깊숙한 산골짜기)
- 야트막하다는 약간 낮은 듯하다는 말입니다. (예: 야트막한 산등성이)

70쪽

고 최 최 최 최
소 최 대 소
가장 장 최 단

71쪽

짧 많으 좁 가까 작

다섯째 날

72쪽

묽 작 밝 덥
가볍 두껍 낮

73쪽

길쭉하다 짤막하다 머나멀다 드높다
짧다
높이
굵기 넓다
굵다 묵직하다
커다랗다 조그맣다 가뿐하다

74쪽

느림 차가 깊 진 밝

다섯째 주 **낱낱**

첫째 날

76쪽

놈, 녀석 명, 분 님, 인 이, 씨

77쪽

15마리 (곰, 돼지, 너구리, 소, 딱따구리, 벌, 미꾸라지, 고슴도치, 기러기, 풍뎅이, 돌고래, 병아리, 하늘소, 까마귀, 오징어)

78쪽

5개(뒤집개, 이쑤시개, 지우개, 병따개, 베개)

둘째 날

79쪽

알갱이 닢
다발 꾸러미
떨기 푼

| 낱말 풀이 |

- 알맹이는 물건의 껍데기나 껍질을 벗기고 남은 속 부분입니다. (예: 껍질은 버리고 알맹이만 홀랑 먹었다)
알갱이는 열매나 곡식 따위의 낱알이자, 낱알을 세는 단위입니다. (예: 밥알 한 알갱이)
- 잎은 이파리를 세는 단위입니다. (예: 나뭇잎이 한 잎 두 잎 떨어지는 계절이 왔다)
닢은 돈이나 멍석 따위의 납작하게 생긴 물건을 세는 단위입니다. (예: 동전 한 닢/맨땅에 멍석 한 닢만 덩그렇게 깔아 놓았다)

멍석 한 닢

- 다발은 꽃이나 푸성귀, 돈 따위의 묶음이자 그 묶음을 세는 단위입니다. (예: 장미꽃 한 다발/배추 두 다발)
사발은 사기로 만든 국그릇이나 밥그릇 혹은 여기에 담긴 국이나 밥의 분량을 세는 단위이기도 합니다. (예: 국 한 사발)

사발

- 꾸러미는 한데 싸서 묶은 물건이자 그것을 세는 단위입니다. (예: 소포 두 꾸러미)
꿰미는 물건을 꿰는 데 쓰는 노끈이나 꼬챙이. 또는 거기에 꿴 물건의 묶음입니다. (예: 엽전 다섯 꿰미)
- 떨기는 무더기가 된 꽃이나 풀 따위를 세는 단위입니다. (예: 한 떨기 장미)
포기는 뿌리를 단위로 한 초목의 낱개를 세는 단위입니다. (예: 풀 한 포기/배추 스무 포기로 김장을 하다)
- 푼은 예전에, 엽전을 세던 단위로 한 푼은 돈 한 닢을 이릅니다. 그래서 작은 돈을 세는 단위이기도 합니다. (예: 몇 푼 안 되지만 차비에 보태 써라)

엽전

80쪽

옴큼 봉 토막
부대 끼니 줌
올

| 낱말 풀이 |

- 옴큼은 손으로 한 줌 움켜쥘 만한 분량을 세는 단위입니다. (예: 아이는 사탕을 한 옴큼 쥐었다) 큰말은 움큼.
- 봉은 물건을 봉지 따위에 담아 그 분량을 세는 단위입니다. (예: 과자 세 봉)
- 토막은 크고 덩어리가 진 도막이자 또한 그것을 세는 단위입니다. (예: 이야기 한 토막/두 토막이 난 통나무)
도막은 짧고 작은 동강이자 그 동강을 세는 단위입니다. (예: 나무 세 도막/생선 한 도막) '토막'과 비슷한 말입니다.
- 포대(布袋)는 천으로 만든 자루이자, 물건을 그것에 담은 분량을 세는 단위입니다. '포'와 비슷한 말입니다.

부대(負袋)는 종이, 피륙, 가죽 따위로 만든 큰 자루로, 포나 포대와 비슷한 말입니다.(예: 밀가루 부대)

부대

- 줌은 한 손에 쥘 만한 분량을 세는 단위인 주먹의 준말입니다.
- 오라기는 실, 헝겊, 종이, 새끼 따위의 길고 가느다란 조각을 세는 단위입니다. '올'에서 온 말이지요.
  올은 실이나 줄의 가닥을 세는 단위입니다.(예: 세 올로 튼튼하게 줄을 꼬아라)

81쪽

알알이 줄줄이 곳곳이 번번이

칸칸이 겹겹이 판판이

셋째 날

82쪽

편 벌 쪽 살 그루 입 컵

맘's tip | 책은 권, 작품은 편

권은 물건으로서 책을 세는 단위, 편은 영화나 시 따위 작품을 세는 단위지요. (예: 소설책 한 권/소설 한 편, 시 한 편, 영화 한 편)
필은 일정한 길이로 짠 천 따위를 세는 말이고, 벌은 옷을 세는 단위랍니다. (예: 비단 한 필, 티셔츠 한 벌)

83쪽

군데 조각 덩이 켤레 방울 줄기

| 낱말 풀이 |
- 줄기는 빛, 연기, 강물, 비, 바람 따위의 길게 뻗어 나가는 것을 세는 말입니다.(예: 두 줄기로 뻗은 산)

84쪽

송이 토막 짝 돌 줄 바퀴

| 낱말 풀이 |
- 송이는 꼭지에 달린 꽃이나 열매 따위를 세는 단위입니다.(예: 포도 한 송이)
- 짝은 함께 어울려 한 쌍이나 한 벌을 이루는 둘 중의 하나입니다.(예: 양말 한 짝/둘씩 짝을 지어 앉으세요)
- 돌은 어린아이가 난 날로부터 꼭 한 해가 되는 날입니다. 또한 특정한 날이 해마다 돌아올 때, 그 횟수를 세는 말입니다.(예: 우리 모임은 오늘로 네 돌을 맞았습니다)
- 줄은 글을 가로나 세로로 벌인 것을 세는 단위입니다.(예: 밑에서 두 번째 줄부터 읽어 보아라)

넷째 날

85쪽

한 곳   한 토막

한 컵   한 뭉치   한 명

한 떨기 한 덩이

맘's tip | 무엇을 세고 있나요?

한 톨, 한 알은 곡식 한 낱을 세고요 한 곳은 장소를 말하죠.
한 모금, 한 방울은 적은 양의 물이나 액체를 헤아리고요 한 토막은 덩어리를 세죠.
한 쪽, 한 면은 책의 면을 세고요 한 컵은 액체를 헤아립니다.
한 그루, 한 포기는 나무나 풀을 세고요 한 뭉치는 한데 뭉치거나 말리거나 감은 덩이를 세죠.
한 벌, 한 켤레는 의류를 세지요.
한 그릇, 한 접시는 음식을 헤아리고요 한 떨기는 무더기가 된 꽃이나 풀 따위를 세지요.
한 가닥, 한 줄기는 가늘고 긴 줄기를 세고요 한 덩이는 작은 덩어리를 세죠.

86쪽

내 동생은 이제 겨우 두 돌이 넘었다.
유리 조각을 밟지 않도록 조심해라.
선생님, 몇 쪽까지 읽어야 해요?
시장에 가서 겨울옷을 두어 벌 사야겠다.
풀 한 포기 뽑는데도 힘이 들었다.
물건을 자루에다 잘 넣고 꽁꽁 묶어라.

87쪽

푼 짝 되 걸음 곳 방울

| 속담·관용구 풀이 |
- **어림 반 푼어치도 없다:** '어림'은 대강 짐작으로 헤아리는 것이고, '푼'은 옛날에 쓰던 돈의 단위로 '반 푼'은 아주 적은 액수의 돈을 뜻합니다. 따라서 짐작으로 헤아려 봐도 조금도 안 된다, 몹시 부당하거나 터무니없는 말이라는 뜻이지요.
- **짚신도 짝이 있다:** 짚신은 옛날 사람들이 흔히 구할 수 있는 지푸라기로 삼아 신던 신이에요. 썩 귀하지도 비싸지도 않지만 두 짝을 갖춰 신지요. 그래서 보잘것없어 보이는 사람이나 물건도 제짝이 있다는 말.

짚신

- **되로 주고 말로 받는다:** 되와 말은 곡식, 가루, 액체 따위의 부피를 잴 때 쓰는 단위입니다. 한 되는 한 말의 10분의 1로, 약 1.8리터입니다. 한 말은 한 되의 10배로 약 18리터에 해당합니다. 조금 주고 그 대가로 몇 곱절이나 많이 받는 경우를 비유적으로 이르는 말이지요.

1말과 1되

다섯째 날

88쪽

다발 사발 권 입 켤레

89쪽

셈낱이름씨

맘's tip | 셈낱이름씨-낱낱을 세는 말들

이 장에서 소개하는 '개, 명, 마리, 그루' 등 사물의 수효나 분량 따위의 단위를 나타내는 의존 명사를 통틀어 '셈낱이름씨'라고 합니다. 사물 낱낱을 세는 이름씨(명사)라는 뜻으로, '단위성 의존 명사'의 순우리말이지요. 조금 어렵지만 전체를 아우르는 개념이라 소개합니다.

90쪽

사람	마리
포기	
봉지	떨기
자루	그루
올	
토막	덩어리

여섯째 주 맛

첫째 날

92쪽

짜 달 시 맵 고소 떫 쓰 비

93쪽

잠맛, 글맛

| 낱말 풀이 |

· 밥맛은 밥의 맛, 혹은 밥이 먹고 싶은 마음입니다.(예: 늦게 일어나서 밥맛이 없다)
· 꿀맛은 꿀의 단맛 또는 꿀처럼 단 맛을 말합니다.(예: 수박이 아주 꿀맛이다)
· 잠맛은 잠을 잘 때 느끼는 기분입니다.
· 감칠맛은 맛있는 음식을 먹고 난 뒤에 남는, 아주 좋은 느낌입니다.(예: 어머니가 담그신 김치는 먹을수록 감칠맛이 났다)
· 물맛은 마시는 물의 맛입니다.(예: 뒷산 약수터 샘은 물맛이 좋기로 소문이 자자하다)
· 글맛은 글월이 가지는 독특한 운치나 글월을 읽으면서 느끼는 재미를 말합니다.
· 장맛은 간장이나 된장의 맛입니다.
· 떫은맛은 덜 익은 감처럼 잘 삼킬 수 없이 불쾌하고 쓰고 신 맛입니다.
· 뒷맛은 음식을 먹은 뒤에 입안에서 느껴지는 맛입니다.(예: 뒷맛이 개운한 국물)

· 손맛은 음식을 만들 때 손으로 이루는 솜씨에서 우러나오는 맛입니다.(예: 할머니는 손맛이 좋아서 하시는 음식은 무엇이나 맛있다)
· 딴맛은 본래의 맛과는 다르게 변한 맛 혹은 다른 보통의 맛과 구별되는 색다른 맛입니다.

94쪽

손맛	첫맛
제맛	딴맛
뒷맛	참맛

| 낱말 풀이 |

· 첫맛은 음식을 먹을 때 첫입에 느끼는 맛 혹은 어떤 일을 처음 시작할 때 느끼는 기분입니다.
· 제맛은 음식 본래의 맛 혹은 어떤 사물이나 현상 본래의 느낌입니다.

둘째 날

95쪽

단 신 쓴 같은 매운 같은

| 낱말 풀이 |

· 씀바귀는 쓴 맛이 나서 씀바귀라 하지요. 이른 봄에 어린 순과 뿌리를 나물로 먹습니다. 우리나라 산과 들에 저절로 나는 여러해살이 풀이지요.

씀바귀꽃

96쪽

얼얼 밍밍 컬컬 시큼 퍽퍽 매큼

97쪽

고소하다   씁쓸하다   짭짤하다
달짝지근하다 맛깔난다   쌉쌀하다
얼큰하다

| 낱말 풀이 |

· 짭짤하다는 감칠맛이 있게 조금 짜다는 뜻도 있고(예: 짭짤하게 끓인 된장국은 입맛을 돋운다), 돈벌이나 장사가 실속이 있다는 뜻도 있습니다.(예: 요즘 장사가 잘 돼서 수입이 꽤 짭짤하다)
· 달짝지근하다는 달콤한 맛이 있다는 말입니다.(예: 달짝지근한 곶감)
· 맛깔나다는 입에 당길 만큼 음식의 맛이 있다는 말입니다.(예: 찌개가 뚝배기에서 맛깔나게 끓었다)
· 쌉쌀하다는 조금 쓴 맛이 있다는 말입니다.(예: 인삼은 맛이 쌉쌀하다) 큰말은 '씁쓸하다'.
· 얼큰하다는 입 안이 얼얼할 정도로 맵다는 말입니다.(예: 찌개가 얼큰하고 구수하군요)

셋째 날

98쪽

시원하다   고소하다   싱겁다
짭짤하다   상큼하다   구수하다

| 낱말 풀이 |

· 시원하다는 덥거나 춥지 아니하고 알맞게 서늘하다는 뜻도 있고(예: 시원한 바람.) 음식이 차고 산뜻하거나, 뜨거우면서 속을 후련하게 한다는 뜻도 있지요.(예: 시원한 김칫국) 가렵거나 속이 더부룩하던 것이 말끔히 사라져 기분이 좋다는 말이기도 합니다.(예: 체했던 속이 시원하게 내려갔다)
· 고소하다는 볶은 깨, 참기름 따위에서 나는 맛이나 냄새와 같다는 말입니다. 미운 사람이 잘못되는 것을 보고 속이 시원하고 재미있다는 뜻도 있지요.(예: 넌 내가 골탕 먹는 것이 그렇게 고소하냐?)
· 싱겁다는 음식의 간이 보통 정도에 이르지 못하고 약하다는 말입니다.(예: 물을 많이 넣어 국이 싱겁다) 사람의 말이나 행동이 상황에 어울리지 않고 별 뜻이 없다는 뜻도 있습니다.(예: 그는 괜히 싱겁게 잘 웃는다)
· 짭짤하다는 조금 짠 맛이 있다는 말이지만, 일이나 행동이 규모 있고 야무지다는

뜻이 있습니다.(예: 살림 솜씨가 짭짤한 며느리)
• 상큼하다는 냄새나 맛 따위가 향기롭고 시원하다는 말입니다.(예: 상큼한 과일)
• 구수하다는 보리차, 숭늉, 된장국 따위에서 나는 맛이나 냄새와 같다는 말입니다. 말이나 이야기 따위가 마음을 잡아끄는 은근한 맛이 있다는 뜻도 있고(예: 구수한 옛날이야기), 마음씨나 인심 따위가 넉넉하고 푸근하다는 말이기도 합니다.(예: 마을 사람의 인심이 구수하다)

99쪽

매운맛	꿀맛
잠맛	입맛
살맛	뒷맛

| 낱말 풀이 |

• 매운맛은 고추나 겨자처럼 알알한 맛 혹은 독한 느낌이나 기분을 비유적으로 이르는 말입니다. (예: 너 같은 녀석은 매운맛을 봐야 해!)
• 살맛은 세상을 살아가는 재미나 의욕입니다. (예: 오늘처럼만 일이 잘 풀려 준다면 정말 살맛이 생길 것 같다)
• 입맛은 음식을 먹을 때 입에서 느끼는 맛에 대한 감각입니다. (예: 입맛이 당기다) 또는 어떤 일이나 물건에 흥미를 느껴 하거나 갖고 싶어 하는 마음을 비유적으로 이르는 말입니다. (예: 자기 입맛에 맞는 옷)

100쪽

메스껍다, 메슥거리다
상큼하다, 시원하다
맵싸하다, 알알하다
싱겁다, 밍밍하다
감미롭다, 달콤하다
맛깔나다, 맛있다

| 낱말 풀이 |

• 메스껍다는 먹은 것이 되넘어 올 듯이 속이 울렁거리는 느낌이 있다는 말입니다. (예: 멀미가 나서 속이 메스껍다)
• 메슥거리다는 메스꺼워서 자꾸 구역질이 나려고 한다는 말입니다.

• 맵싸하다는 맵고 싸하다는 말입니다.(예: 맵싸하고 얼큰한 매운탕)
• 알알하다는 맵거나 독해 혀끝이 약간 아리고 쓰는 느낌이 있다는 말입니다.(예: 고추가 혀끝이 알알하도록 맵다)
• 감미롭다는 맛이 달거나 달콤하다는 말입니다.(예: 감미로운 사탕)
• 달콤하다는 감칠맛이 있게 달다는 말입니다.

101쪽

싸
달　　시
짜　　달
맵

102쪽

콤
새
디, 다
짜　짤
쓰　쌀　쓰, 쓰

103쪽

뜨거운 맛	깨소금 맛
저 잘난 맛	죽을 맛
네 맛도 내 맛도	맹물 맛

| 속담·관용구 풀이 |

• **뜨거운 맛을 보다**: 호된 고통이나 어려움을 겪다는 말입니다.(예: 그래 뜨거운 맛을 봐야만 정신을 차리겠단 말이지)
• **깨소금 맛**: 남의 불행을 보고 몹시 통쾌하다는 뜻으로 이르는 말입니다.(예: 잘난 척하다 선거에서 떨어졌다니 깨소금 맛이다)
• **저 잘난 맛에 산다**: 사람은 누구나 자기가 남보다 잘났다고 생각하며 산다는 말.

다섯째 날

104쪽

손맛	물맛
장맛	눈맛
살맛	별맛

| 낱말 풀이 |

• 눈맛은 눈으로 보고 느끼는 기분입니다. (예: 한국의 고건축은 멀리서 볼수록 눈맛이 시원하다)

105쪽

고추	물	소금
뚝배기	뱉는다	약

106쪽

새콤달콤하다

달콤하다	시디시다
매콤하다	달다
맵짜다	시큼털털하다
짭짤하다	싱겁다
씁쓸하다	고소하다

일곱째 주 날씨

첫째 날

108쪽

보슬비	찬비	밤비
단비	이슬비	안개비
장대비	여우비	가랑비

| 낱말 풀이 |

• 보슬보슬은 눈이나 비가 가늘고 성기게 조용히 내리는 모양입니다.(예: 봄비가 보슬보슬 내리는 한적한 오후입니다)
• 서늘하다는 물체의 온도나 기온이 꽤 찬 느낌이 있다는 말입니다.(예: 서늘한 바람)
• 쌀쌀하다는 날씨나 바람 따위가 음산하고 상당히 차갑다는 말입니다.
• 찬비는 차갑게 느껴지는 비를 말합니다. (예: 온몸이 찬비에 젖어서 감각이 없었다)
• 단비는 꼭 필요한 때 알맞게 내리는 비를 말합니다.(예: 오랜 가뭄 끝에 내린 단비)
• 송알송알은 땀방울이나 물방울, 열매 따위가 잘게 많이 맺힌 모양입니다.(예: 풀잎에

이슬이 송알송알 맺혀 있다)
- 이슬비는 아주 가늘게 내리는 비입니다. 가랑비보다 가늘지요.
- 안개비는 빗줄기가 매우 가늘어서 안개처럼 부옇게 보이는 비입니다.(예: 아침 일찍 안개비를 맞으며 산에 올라갔다)
- 장대비는 장대처럼 굵고 거세게 좍좍 내리는 비입니다.(예: 빗줄기가 굵어지더니 장대비로 변했다)
- 여우비는 볕이 나 있는 날 잠깐 오다 그치는 비입니다.(예: 더운 여름 한낮에 잠깐 내리는 여우비는 더위를 식혀 준다)
- 가랑비는 가늘게 내리는 비입니다. 이슬비보다는 좀 굵지요. 세우(細雨)라고도 합니다.

109쪽

선풍기

| 낱말 풀이 |

- 비바람은 비가 내리면서 부는 센 바람입니다.(예: 비바람이 몰아치다)
- 솔바람은 소나무 사이를 스쳐 부는 바람입니다.(예: 나는 소나무숲의 쏴 하는 솔바람 소리에 귀를 기울였다)
- 산바람은 밤에 산꼭대기에서 평지로 부는 바람입니다. 밤이 되면 산 중턱이 차가워져서 산 위쪽에서 아래로 바람이 불지요.
- 모래바람은 모래와 함께 휘몰아치는 바람입니다.(예: 중동의 모래바람)
- 높새바람은 동북풍을 달리 이르는 말입니다. 주로 봄부터 초여름에 걸쳐 태백산맥을 넘어 영서 지방으로 부는 고온 건조한 바람으로 농작물에 피해를 주곤 하지요.
- 실바람은 약하고 가늘게 부는 바람입니다.(예: 햇볕은 쨍쨍 내리쬐고 실바람 한 점 없는 무더운 여름날 오후였다)
- 산들바람은 시원하고 가볍게 부는 바람입니다.
- 회오리바람은 빠르게 빙빙 돌며 세차게 공중으로 올라가는 바람입니다.
- 하늬바람은 서쪽에서 부는 바람입니다.
- 칼바람은 주로 겨울에 부는 몹시 차고 매운 바람입니다.(예: 한겨울 칼바람에 사람들은 외투깃을 단단히 잡아 여몄다)
- 눈바람은 눈과 함께 불어오는 차가운 바람입니다.(예: 산 정상에 가까워질수록 사방

에서 불어오는 눈바람 때문에 앞이 안 보일 지경이다)
- 소슬바람은 으스스하고 쓸쓸하게 부는 가을바람을 말합니다.(예: 소슬바람 부는 가을)
- 된바람은 매섭게 부는 바람 혹은 북풍(北風)을 이르는 뱃사람들의 말입니다
- 맞바람은 진행 방향과 반대 방향으로 부는 바람 혹은 양편에서 마주 불어오는 듯한 바람입니다.(예: 맞바람이 불다)

110쪽

우박	서리	구름
천둥	우레	
안개	노을	눈

| 낱말 풀이 |

- 우박은 (빗방울이 얼어서) 하늘에서 떨어지는 작고 하얀 얼음 덩어리입니다.(예: 느닷없이 우박이 쏟아져 곡식 피해가 많다)

밭에 떨어진 우박

- 서리는 날씨가 추워져서 대기 중의 수증기가 그대로 얼어 사물에 하얗게 엉겨 붙은 가루 모양의 얼음입니다.(예: 배추가 서리를 맞아서 그런지 힘이 하나도 없다)

서리 맞은 배추

- 천둥, 우레는 모두 번개가 친 다음에 하늘이 크게 울리는 소리입니다. 흔히 천둥이 치는 소리를 '우르릉'이라 표현하지요.(예: 시커먼 먹구름이 몰려오더니 우르릉 쾅 천둥소리가 멀리서 들려 왔다)

둘째 날

111쪽

(차가)워	(추)워	(더)워
(도)와	(고)와	

맘's tip | 돕다, 곱다는 '와'로 쓰세요!

차갑-다, 춥-다, 덥-다, 돕-다, 곱-다 등은 모두 ㅂ 불규칙 용언입니다. 말의 뜻을 나타내는 어간이 ㅂ으로 끝나지요. 활용되면서 ㅂ은 '우'로 변해 차가-우니, 차가-워서, 차가-운 등이 됩니다. 그런데 '와'가 되는 예외가 딱 2개가 있어요. '돕다', '곱다'예요. '-아'가 결합되면 '와'로 소리가 나서 '-와'로 적는답니다.
돕다: 도와, 도와서, 도와도, 도왔다
곱다: 고와, 고와서, 고와도, 고왔다

112쪽

빼시옷(비옷)	받치시옷(빗물)
받치시옷(빗길)	받치시옷(빗방울)
빼시옷(비구름)	빼시옷(비바람)
받치시옷(빗소리)	받치시옷(빗줄기)

| 낱말 풀이 |

- 빗길은 비가 내리는 길 또는 빗물에 덮인 길입니다.(예: 빗길에 운전 조심하세요)
- 빗줄기는 굵고 세차게 떨어져 줄이 진 것처럼 보이는 빗방울입니다.(예: 굵은 빗줄기가 후드득후드득 떨어졌다)

맘's tip | 된소리, 'ㄴ' 소리가 나면 사이시옷

순우리말 단어와 순우리말 단어가 합쳐질 때 된소리 혹은 'ㄴ' 소리가 덧날 때 씁니다.

빗소리[비쏘리]	빗줄기[비쭐기]
냇가[내까]	바닷가[바다까]
빗물[빈물]	냇물[낸물]
뒷일[뒨닐]	나뭇잎[나문닙]

113쪽

가을	소나기
노을	싸라기
겨울	하늘

맘's tip | 'ㄹ' 받침이 사라질 때

'ㄹ' 받침은 대체로 'ㄴ, ㄷ, ㅅ, ㅈ' 앞에서 탈락해요.
(하늘님) 하느님   (날날이) 나날이
(밀닫이) 미닫이   (아들님) 아드님
(찰돌) 차돌   (찰지다) 차지다

넷째 날

114쪽

안개 비 눈 무지개
바람 구름 햇빛 노을

115쪽

햇빛, 햇볕
천둥, 번개
서리, 우박
안개, 아지랑이
눈보라, 눈바람
여우비, 소나기

| 낱말 풀이 |
• 번개는 공기 중의 전기 입자가 부딪혀 번쩍이는 불빛입니다.

번개

• 아지랑이는 봄이나 여름에 강한 햇빛이 내리쬘 때 먼 데 있는 사물이 흔들거리는 듯이 보이는 현상입니다.(예: 봄이 되자 땅 위로 가물가물 아지랑이가 피어올랐다) '아지랭이'는 틀린 표현입니다.

116쪽

무더위 조각구름 저녁노을 칼바람
눈송이 소름   안개   바람

| 낱말 풀이 |
• 무더위는 몹시 찌는 듯 견디기 어려운 더위를 말합니다.(예: 올해는 유난히 무더위가 기승을 부린다)
• 저녁노을은 해가 질 때 하늘이 붉게 물든

것을 말합니다.
• 소름은 춥거나 무섭거나 징그러울 때, 살갗이 오그라들며 오돌도돌하게 되는 것입니다.(예: 나는 너무 무서워 소름이 끼쳤다)
• 안개는 공기 속의 물기가 엉겨서 앞이 잘 안 보일 정도로 땅 위에 연기처럼 뿌옇게 낀 김입니다.

넷째 날

117쪽

폭, 풍, 폭풍
우, 의, 우의
폭풍우

118쪽

솔개   신바람   바람개비
떵떵   슬렁슬렁   비실비실
싸하다   미지근하다 뺀질뺀질하다

| 낱말 풀이 |
• 솔개는 공중에 떠돌다가 땅 위의 작은 새나 짐승을 보고 달려 내려와 잡아먹는, 진한 갈색의 큰 새입니다.

솔개

• 신바람은 신이 나서 우쭐우쭐하여지는 기운입니다.(예: 신바람이 나다)
• 떵떵은 권세나 재산이 많은 것을 드러내 놓고 뽐내는 모양입니다.(예: 우리도 한때는 떵떵거리며 살았었다)
• 비실비실은 힘없이 비틀거리는 모양을 나타냅니다.
• 싸하다는 냄새나 맛이 혀, 목구멍, 코에 자극을 줄 정도로 아리고 매운 듯한 느낌이 있다는 말입니다.(예: 사탕을 입 안에 넣으니 목구멍까지 싸한 박하향이 났다)
• 우중충하다는 공기가 좀 축축하고 어둡다는 말입니다.(예: 눈이 올 것 같은 우중충한 날씨였다)

• 뺀질뺀질은 몸을 요리조리 빼면서 일을 열심히 하지 않는 모양입니다.

119쪽

날벼락   볕
번갯불   해
가뭄(가물) 비

다섯째 날

120쪽

더위   선풍기   서리
높새바람   나비구름
안개   떼구름   단비

| 낱말 풀이 |
• 나비구름은 날아가는 나비의 날개처럼 펼쳐진 구름을 비유적으로 이르는 말입니다.
• 떼구름은 떼를 이룬 구름입니다.

121쪽

여름바람
날이 무더워 뻘 몸이 무더워 뻘
여름바람 때문에 뻘뻘뻘
맘도 뻘뻘뻘 땀도 뻘뻘뻘 뻘
여름바람 때문에 뻘뻘뻘
어디서 이 바람은 시작됐는지
히터 켰는지 보일러 켰는지
너무너무 뜨거워
날이 뜨거워 헉 몸이 뜨거워 헉
여름바람 때문에 헉헉헉
목도 헉헉헉 헉 숨도 헉헉헉 헉
여름바람 때문에 헉헉헉

122쪽

함박눈   싸라기눈
눈보라   진눈깨비   소나기
안개   높새바람
뭉게구름   산들바람
조각구름
번개   천둥   햇살

- 궂은비는 날이 흐리고 침침하게 오랫동안 내리는 비입니다.(예: 며칠 동안 궂은비가 내려 방안에만 있었더니 좀이 쑤신다)
- 함박눈은 굵고 탐스럽게 내리는 눈입니다. 탐스럽게 내리는 솜 모양의 눈을 함박꽃에 비유하여 이르는 말이지요.(예: 자고 났더니 밤새도록 퍼부은 함박눈에 온 세상이 새하얗다)

펑펑 내리는 함박눈

- 뭉게구름은 뭉게뭉게 피어올라 윤곽이 확실하게 나타나는 구름으로, 밑은 평평하고 꼭대기는 솜을 쌓아 놓은 것처럼 뭉실뭉실한 모양이며 햇빛을 받으면 하얗게 빛납니다. 무더운 여름에 볼 수 있지요.

뭉게구름

여덟째 주 어떻게

첫째 날

124쪽

또   잘   좀
즉   갓   뚝
더   참

125쪽

바로   서로   따로   홀로
때로   절로   별로

둘째 날

126쪽

한사코   모처럼   오로지
도리어   차라리   자그마치
가까스로   더군다나   그야말로

| 낱말 풀이 |

- 한사코는 한결같이 고집을 세워라는 말입니다.
- 모처럼은 벼르고 별러 처음으로(예: 모처럼 마음먹은 일이 잘돼야 할 텐데) 또는 일껏 오래간만에라는 뜻도 있습니다.(예: 모처럼 갠 하늘)
- 오로지는 주로 '~만, ~뿐'이 붙은 명사와 함께 쓰여 다른 것은 있을 수 없고 오직이라는 말입니다.(예: 교통수단이라고는 오로지 나룻배뿐이었다)
- 도리어는 처음의 생각과는 반대로, 또는 아주 다르게라는 말입니다. 준말은 되레.
- 차라리는 (둘 다 바람직하지는 못하나) 그래도 그보다는이라는 뜻입니다. (예: 선생님, 차라리 저를 혼내 주세요)
- 자그마치는 많든가 커서 놀라울 만큼 혹은 아주 많거나 커서라는 뜻입니다. '자그만치'는 틀린 표기입니다.
- 가까스로는 애를 써서 겨우라는 뜻입니다.(예: 자정이 되어서야 가까스로 숙제를 다 할 수 있었다)
- 더군다나는 그뿐만이 아니라, 더구나라는 뜻입니다.
- 그야말로는 말이 뜻하는 그대로, 정말로라는 말입니다.(예: 그야말로 당연히 네 잘못이지)

127쪽

구태여   으레   일부러
아무쪼록   부리나케
이따금   실컷   거꾸로

128쪽

가지가지   언제인가   고루고루
조금   저절로   어제 그저께
마구   이따가

129쪽

때마침   그만큼   좀처럼   곧바로
또다시   제각기   조금씩   외따로

| 낱말 풀이 |

- 때마침은 제때에 알맞게 또는 바로 때맞춰라는 말입니다.(예: 밖으로 나가려는데 때마침 비가 쏟아졌다)
- 좀처럼은 '않다', '없다' 따위의 부정하는 말과 함께 쓰여, 웬만해서는 어떤 행동을 하지 않음 또는 쉽게 어떤 일이 일어나지 않음을 나타내는 말입니다.(예: 비가 좀처럼 멎을 것 같지 않다)
- 제각기는 사람마다 또는 사물마다 따로따로라는 말입니다.(예: 거리에는 잘 자란 꽃들이 제각기 아름다움을 뽐내고 있다)
- 외따로는 혼자서 따로라는 말입니다.(예: 녀석은 언제나 외따로 놀고 있다)

셋째 날

130쪽

아주   자주   다소
썩   미처   무척
쑥   너무   두루

미리, 이미, 먼저는 어떤 일이 생기기 전에 앞서 라는 뜻이 있지요. 아주는 보통보다 훨씬 더라는 뜻이고요.

오로지, 다만, 오직은 다른 것은 아니고 바로 그 것이라는 뜻이지요. 자주는 잦게, 되풀이하여라 는 뜻이고요.

별로, 그다지, 별반은 과히 다르지 않다는 뜻이 고, 다소는 어느 정도는이라는 뜻이지요.

반드시, 기필코, 꼭은 틀림없이라는 말입니다. 썩 은 보통보다 훨씬 뛰어나게라는 말이지요.

그제야, 드디어, 비로소는 어떤 일이 일어나기 시작한다는 표현이고, 미처는 아직 일이 시작되 지 못했다는 뜻이지요.

너무, 아주, 매우는 보통보다 넘어선 정도를 뜻 하고, 쑥은 안으로 깊이 들어가거나 밖으로 불룩 하게 내미는 모양이지요.

끝내, 마침내, 드디어는 무엇의 결과로 마지막에 는 이라는 뜻이고, 너무는 일정한 정도나 한계를 훨씬 넘어선 상태를 뜻하지요.

다소, 약간, 조금은 얼마 되지 않는 양이라는 뜻 이고, 두루는 빠짐없이 골고루라는 뜻이지요.

131쪽

갑자기	자주
오직 / 뿐	서로
똑바로	아직
금방	

132쪽

제발	겨우	설마	무려
결코	실컷	아예	

넷째 날

133쪽

곧이	곧장	곧바로
대충	대강	대개
차차	차츰	점차
더더욱	더욱더	더욱이
여태껏	아직껏	이제껏
기필코	기어코	한사코

대충, 대강, 대개는 크게 걸러서, 간단하게라는 말이지요.

차차, 차츰, 점차는 점점, 조금씩이라는 뜻입니다. 여태껏, 아직껏, 이제껏은 일이 미처 이루어지지 못했다는 말이지요.

기필코, 기어코, 한사코는 반드시라는 뜻이지요.

134쪽

많이

높이

훤히

편하다

게으르다

재빨리

135쪽

한술 더 뜬다

모로 가도 서울만 가면 된다

설마가 사람 잡는다

그러면 그렇지

아무리 바빠도 바늘허리 매어 못 쓴다

다섯째 날

136쪽

결단코	잠자코
결사코	기어코

결단코: 우리는 결단코 이겨야 한다.

잠자코: 우리들의 불평을 잠자코 듣고만 계시던 선생님께서 말씀을 하셨습니다.

결사코: 그녀는 결사코 한일 병합을 반대했던 독 립운동가이다.

기어코: 오전 중으로 기어코 숙제를 끝내겠다.

137쪽

아마도	살며시	마구마구
그런대로	일일이	포동포동
두루두루	한층	

아마도(道) 살며시(市) 마구마구(區) 그런대로 (路) 112(포동포동(洞)) 두루두루(樓) 1층(層)

138쪽

더욱   제법

무척   자꾸   다시

거듭

몹시

언제나

정말   종종   때때로   맨날

이따금

• 사진 제공
  국립민속박물관, 문화재청, 박선주,
  위키피디아, 클립아트코리아